Marlene Fritsch (Hg.)
Dumme rennen, Kluge warten,
Weise gehen in den Garten

W0171092

Marlene Fritsch (Hg.)

Dumme rennen,
Kluge warten, Weise gehen
in den Garten

Ein Vorlesebuch

Kaufmann Verlag

Bibliografische Information Der Deutschen Bibliothek

Die Deutsche Bibliothek verzeichnet diese Publikation in der Deutschen Nationalbibliografie; detaillierte bibliografische Daten sind im Internet über http://dnb.ddb.de abrufbar.

2. Auflage 2015
© 2012 Verlag Ernst Kaufmann, Lahr
Dieses Buch ist in der vorliegenden Form in Text und Bild urheberrechtlich geschützt. Jede Verwertung ist ohne Zustimmung des Verlags Ernst Kaufmann unzulässig und strafbar. Dies gilt insbesondere für Nachdrucke, Vervielfältigungen, Übersetzungen, Mikroverfilmungen und die Einspeicherung und Verarbeitung in elektronischen Systemen.
Umschlagabbildung: © artjazz, Fotolia.com
Druck und Bindung: CPI books, Ulm
ISBN 978-3-7806-3127-5

Bei allen Geschichten, die als „Weisheitsgeschichte" gekennzeichnet sind, handelt es sich um weitläufig kursierende Erzählungen, deren ursprüngliche Herkunft ungewiss ist. Sie wurden für diesen Band von der Herausgeberin Marlene Fritsch frei nacherzählt.

Inhaltsverzeichnis

Das Gute – dieser Satz steht fest –
ist stets das Böse, was man lässt!

Auf die Perspektive kommt es an!

Ein Tropfen Liebe ist mehr als ein Ozean Verstand

Kann man weise lieben?

Man nehme 12 Monate, putze sie ganz sauber von Neid, Bitterkeit, Pedanterie und Angst ...

Zutaten für ein Leben, das glückt

*Wirklich weise ist, wer im Alltäglichen
das Wunderbare zu sehen vermag*

Den Alltag weise meistern

Sich glücklich fühlen können, auch ohne Glück – das ist Glück

Weise glücklich werden – und bleiben!

Mit den Jahren runzelt die Haut,
mit dem Verzicht auf Begeisterung
aber runzelt die Seele

Weisheit des Alters

Vorwort: Gartenpoesie

„Dumme rennen, Kluge warten, Weise gehen in den Garten" – was aber finden denn die Weisen in ihrem Garten, das die Dummen beim Rennen und die Klugen beim Warten nicht sehen können?

Vielleicht, dass es ganz wunderbar ist, zwischen den Beeten herumzuspazieren, hier an einer Blume zu riechen, dort ein Unkraut auszuzupfen und da eine Erdbeere im Mund verschwinden zu lassen. Darin stecken schon ein paar wesentliche Weisheiten:

Erstens, dass man kein Millionär sein muss, um glücklich zu sein. Stattdessen braucht man nur die Augen und das Herz, um die Schönheit zu sehen, die einen umgibt, um den Augenblick zu genießen, in dem man gerade lebt.

Zweitens, dass man das Glück nicht einfach pflücken kann, sondern dass es Zeit braucht, um zu wachsen. Und das geht nur, wenn man sich um das Pflänzchen kümmert: es gießt, wenn es durstig ist, die Schädlinge von ihm fernhält, es hegt und pflegt. Und schließlich braucht man die große Geduld zuzuschauen, wie sich Blättchen um Blättchen entfaltet. Glück ist dann letztlich die Dankbarkeit, die Blume bewundern zu können, die endlich daraus erblüht.

Drittens, dass ein Leben, das wir geglückt nennen (und auf nichts anderes schauen Menschen zurück, die wir als weise bezeichnen), wesentlich davon abhängt, mit welchen Augen man auf es, auf seinen „Garten" schaut. Natürlich gibt es da Unkraut, das nur zu wachsen scheint, um uns zu ärgern. Es gibt Schnecken und anderes Getier, das unsere sorgsam gehüteten Setzlinge einfach abfrisst und sich nicht mal für die kostenlose Mahlzeit bedankt. Und selbstverständlich ist die Schönheit dieses Gartens auch vergänglich: Die Blumen verwelken, zum Herbst hin stirbt alles ab und mancher Garten sieht im Winter einfach nur trostlos aus mit all den toten Strünken, die noch vom Sommer träumen und dunkel in den Himmel ragen. Wenn man jedoch mit den Augen eines Liebhabers – im wahrsten Sinn – auf einen Garten in sommerlicher Pracht schaut, dann sieht man nur Schönheit, Fülle und Leben. Davon verschwinden weder das Unkraut noch die Schnecken. Aber wenn man es auch nicht schafft, sie zu lieben, dann kann man zumindest akzeptieren, dass sie dazugehören. Dann wird man im Schmetterling auch nicht mehr die gefräßige Raupe sehen, sondern den wunderschönen Falter – und vielleicht sogar ein Symbol für die Verwandlung zu neuem Leben. Wenn man mit liebenden Augen schaut, hilft das auch nichts gegen die Vergänglichkeit dieser Schönheit. Der Winter wird trotzdem kommen. Aber gerade dieses Wissen darum wird den Augenblick umso kostbarer werden lassen.

Und letztens: Während die anderen rennen oder warten, stecken sich die Weisen voller Hingabe eine reife Erdbeere in den Mund und wissen im gleichen Moment: Das und hier ist das Leben!

*Das Gute – dieser Satz
steht fest – ist stets das Böse,
was man lässt!*

Wilhelm Busch

Auf die Perspektive kommt es an!

Freund und Feind

Es war einmal ein Kaiser in einem weit entfernten Land, der plante, das Land seiner Feinde zu erobern und sie alle zu vernichten.

Nach ein paar Tagen sah man ihn, wie er mit seinen Feinden am Tisch saß und mit ihnen aß und lachte.

„Wir dachten, du wolltest deine Feinde vernichten", sagten einige verwundert.

Der König antwortete ihnen: „Das habe ich doch getan! Ich habe sie einfach zu meinen Freunden gemacht."

Weisheitsgeschichte

Die Aufrichtigkeit

Die Aufrichtigkeit schritt eines Tages durch die Welt und hatte eine rechte Freude über sich. Ich bin doch eine tüchtige Person, dachte sie; ich unterscheide scharf zwischen gut und schlecht, mit mir gibt's kein Paktieren; keine Tugend ist denkbar ohne mich.

Da begegnete ihr die Lüge in schillernden Gewändern, an der Spitze eines langen Zuges. Mit Ekel und Entrüstung wandte die Aufrichtigkeit sich ab. Die Lüge ging süßlich lächelnd weiter; die Letzten in ihrem Gefolge aber, ein kleines, schwächliches Volk mit Kindergesichtchen, schlichen demütig und schüchtern vorbei und neigten sich vor der Aufrichtigkeit bis zur Erde.

„Wer seid ihr denn?", fragte sie.

Eines nach dem anderen antwortete: „Ich bin die Lüge aus Rücksicht." – „Ich bin die Lüge aus Pietät." – „Ich bin die Lüge aus Barmherzigkeit." – „Ich bin die Lüge aus Liebe", sprach die Vierte, „und diese Kleinsten von uns sind: das Schweigen aus Höflichkeit, das Schweigen aus Respekt und das Schweigen aus Mitleid."

Da errötete die Aufrichtigkeit, und plötzlich kam sie sich doch etwas plump und brutal vor.

Marie von Ebner-Eschenbach

Glück und Unglück

Eines Tages lief einem Bauern das einzige Pferd fort und kam nicht mehr zurück. Da hatten die Nachbarn Mitleid mit dem Bauern und sagten: „Du Ärmster! Dein Pferd ist weggelaufen, welch ein Unglück!" Der Landmann antwortete: „Wer sagt denn, dass dies ein Unglück ist?" Und tatsächlich kehrte nach einigen Tagen das Pferd zurück und brachte ein Wildpferd mit. Jetzt sagten die Nachbarn: „Erst läuft dir das Pferd weg – dann bringt es noch ein zweites mit! Was hast du bloß für ein Glück!" Der Bauer schüttelte den Kopf: „Wer weiß, ob das Glück bedeutet?"

Das Wildpferd wurde vom ältesten Sohn des Bauern eingeritten; dabei stürzte er und brach sich ein Bein. Die Nachbarn eilten herbei und sagten: „Welch ein Unglück!" Aber der Landmann gab zur Antwort: „Wer will wissen, ob das ein Unglück ist?"

Kurz darauf kamen die Soldaten des Königs und zogen alle jungen Männer des Dorfes für den Kriegsdienst ein. Den ältesten Sohn des Bauern ließen sie zurück – mit seinem gebrochenen Bein. Da riefen die Nachbarn: „Was für ein Glück! Dein Sohn wurde nicht eingezogen!"

Glück und Unglück wohnen eng beisammen, wer weiß schon immer sofort, ob ein Unglück nicht doch ein Glück ist?

Christian Morgenstern

Jeder meint es nur gut

Man müsste von Zeit zu Zeit
einen Tag einlegen,
an dem man sich ständig bewusst macht,
dass jeder, der uns begegnet,
es nur gut mit uns meint.
Der Verkäufer, der uns

zu wenig Wechselgeld herausgibt,
will bloß unsere Aufmerksamkeit schärfen.
Der Autofahrer, der uns schneidet,
möchte nur unser Reaktionsvermögen schulen.
Der Taschendieb, der uns
um unser Portemonnaie erleichtert,
ist so nett, uns an die Unbeständigkeit
irdischer Güter zu erinnern.
Und all die Menschen, die uns missmutige,
unfreundliche Gesichter zeigen,
bemühen sich uneigennützig darum,
uns als abschreckende Beispiele zu dienen.

Hans Kruppa

Verloren oder gefunden?

Als Gandhi einmal in einen Zug stieg, verlor er dabei eine seiner Sandalen. Da der Zug aber schon im Losfahren war, konnte er nicht mehr aussteigen, um sie zu holen.

Kurzerhand zog er sich die andere Sandale ebenfalls vom Fuß und warf sie hinterher, sodass sie neben der verlorenen Sandale zu liegen kam.

Die Mitreisenden wunderten sich über sein Verhalten, bis einer sich traute, nachzufragen: „Warum haben Sie das getan? Jetzt haben Sie zwei Schuhe verloren!"

Gandhi antwortete lächelnd: „Was soll ich mit nur einem Schuh? So hat wenigstens derjenige, der die beiden Schuhe findet, ein Paar, das er anziehen kann."

Weisheitsgeschichte

Die Türangeln

„Warum erlangen die meisten Menschen keine Erleuchtung?", fragte jemand den Meister.

„Weil sie als Verlust ansehen, was tatsächlich ein Gewinn ist."

Dann erzählte er von einem Bekannten, der ein Geschäft eröffnete, das bald florierte. Die Kundschaft strömte den ganzen Tag.

Als der Meister dem Kaufmann zu dem Erfolg gratulierte, erwiderte dieser besorgt: „Sehen Sie die Dinge doch ganz realistisch und schauen Sie sich nur einmal die Ladentüren an. Wenn sie so viele Leute ständig auf- und zumachen, muss ich die Türangeln bald erneuern lassen."

Anthony de Mello

Arm oder reich?

Eines Tages beschloss ein reicher Mann, seinem Sohn einmal vor Augen zu führen, was Armut ist. Also nahm er ihn mit aufs Land und sie verbrachten gemeinsam einen Tag und eine Nacht bei einer armen Bauersfamilie auf dem Hof.

Als sie wieder zurück in der Stadt waren, fragte der Vater seinen Sohn: „Und, wie fandest du unseren Ausflug?"

„Sehr spannend", sagte der Junge.

„Jetzt weißt du, wie arm Menschen sein können, oder?"

„Das habe ich wohl gesehen, Papa."

„Und was lernst du daraus?", wollte der Vater wieder wissen.

„Ich habe gesehen: Wir haben einen Hund, die Bauern hatten vier Hunde. Wir haben einen Pool, der bis in die Mitte unseres Grundstücks reicht, die Leute dort haben einen See, dessen Ende man gar nicht sehen kann. Wir haben eine Terrasse, die bis zum Rasen reicht, sie aber haben eine Terrasse, die bis zum Horizont reicht. Danke, Papa, dass du mir gezeigt hast, wie arm wir wirklich sind."

Weisheitsgeschichte

Wie man es sieht

Ein Mann, der nach einem Unfall schon seit einigen Jahren blind war, lebte in einem kleinen Häuschen, zu dem ein wunderbarer Garten gehörte. Dieser war immer sein Ein und Alles gewesen, und selbst nach dem Erblinden verbrachte er jede freie Minute draußen, schnitt die Rosen, harkte die Beete, pflanzte und goss, sodass der Garten über das Dorf hinaus bekannt war für seine Schönheit.

Ein Mann aus der Stadt, der im Dorf zu Besuch war, hatte von dem blinden Gärtner gehört, und so stand er eines Morgens an seinem Gartenzaun.

„Ich verstehe nicht ganz, was Sie da tun“, sagte der Städter zum Gärtner. „Sie können doch all die Pracht gar nicht sehen. Sie schuften den ganzen Tag für etwas, von dem sie gar nichts haben!“

Der Blinde lächelte: „Das sehe ich anders, mein Freund. Erstens liebe ich diese Arbeit, das Wühlen in der frischen Erde, das Pflanzen und Ernten, und dass ich blind geworden bin, ist doch kein Grund, es nicht mehr zu lieben. Zweitens kann ich zwar nichts mehr sehen, aber ich kann fühlen, wie etwas wächst, ich kann die Zartheit der Rosenblätter spüren und vor allem ihren Duft genießen, und das wahrscheinlich sogar intensiver als Sie, weil ich nicht mehr durch meine Augen abgelenkt werde. Und der dritte Grund, warum ich weiterhin im Garten arbeite, sind Sie.“

Verblüfft fragte der Fremde: „Ich? Aber Sie kennen mich doch gar nicht!"

„Das stimmt", antwortete der Gärtner, „ich meinte auch nicht Sie persönlich, sondern Menschen wie Sie, die an meinem Garten vorbeikommen und stehenbleiben, weil er sie in seiner Pracht erfreut. Wäre es eine Wildnis hier, niemand würde davon Notiz nehmen. Und daher sehe ich keinen Grund, etwas nicht zu tun, nur weil ich im ersten Moment davon nicht viel habe, wenn es Ihnen doch wenigstens ein bisschen Freude bringt. Und für mich ist das auch nicht ohne Nutzen: Menschen wie Sie bleiben an meinem Zaun stehen, schauen, freuen sich und halten einen kleinen Schwatz mit mir. Und das ist für einen Menschen, der blind ist, schon eine ganze Menge."

„So hatte ich die Sache noch gar nicht betrachtet", antwortete ihm der Fremde nachdenklich.

Weisheitsgeschichte

Glückliche Tage

Das Glück, wenn es mir recht ist, liegt in zweierlei: darin, dass man ganz da steht, wo man hingehört, und zum Zweiten und Besten in einem behaglichen Abwickeln des ganz Alltäglichen, also darin, dass man ausgeschlafen hat und dass einen die neuen

Stiefel nicht drücken. Wenn einem die 720 Minuten eines zwölfstündigen Tages ohne besonderen Ärger vergehen, so lässt sich von einem glücklichen Tage sprechen.

Theodor Fontane

Der Hammer

Ein Mann wollte ein Bild aufhängen. Er ging in den Keller, um Nagel und Hammer zu holen, stellte aber fest, dass er Letzteres nicht besaß. „Letzte Woche habe ich meinen Nachbarn gesehen, wie er mit dem Hammer durch den Garten lief. Ich werde ihn fragen, ob er ihn mir wohl kurz leihen kann", dachte sich der Mann und war beinahe schon auf dem Weg nach drüben.

Doch als er den ersten Schritt tun wollte, kamen ihm Zweifel. „Was, wenn mein Nachbar mir den Hammer nicht leihen will?", dachte er. „Erst gestern bin ich ihm auf der Straße begegnet und er hat mich nur ganz flüchtig gegrüßt. Vielleicht hatte er es eilig?", fragte er sich. „Andererseits: Vielleicht hat er nur so getan, als hätte er es eilig, und in Wahrheit hat er etwas gegen mich. Aber was?", überlegte er weiter. „Ich habe ihm nichts getan, ich weiß gar nicht, wie er darauf kommt, dass er mich nicht mag. Wenn jemand von mir ein Werkzeug ausleihen wollte, ich gäbe es ihm sofort. Warum tut er das nicht? Wie kann er mir einfach so diesen Gefallen abschlagen? Menschen wie der machen einem das Leben zur Hölle. Und dann glaubt er wohl noch, ich sei auf ihn angewiesen! Bloß weil er einen Hammer hat und ich nicht! Jetzt reicht's mir aber!"

Und statt hinüberzugehen, stürmte er los und läutete Sturm beim Nachbarn. Als dieser öffnete und noch bevor er überhaupt „Guten Tag" sagen konnte, schrie ihn der andere an: „Dann behalten Sie doch Ihren dämlichen Hammer, Sie Idiot!"

Weisheitsgeschichte

Problemlos

Neulich traf ich einen Freund zufällig auf der Straße. Er machte einen ziemlich niedergeschlagenen Eindruck. Als ich mich erkundigte, was mit ihm los sei, antwortete er: „Ach, ich fühle mich so elend. Jeden Tag so viele Probleme, so viele ungelöste Probleme." Und er erzählte mir bis ins Detail, was so schrecklich sei, dass ich mich nach einiger Zeit des Zuhörens selbst ebenfalls todunglücklich fühlte. „Wenn du mir zeigst, wie ich endlich meine Probleme loswerden kann, dann werde ich einen ordentlichen Batzen Geld an eine wohltätige Organisation spenden", versprach er mir.

Das fand ich ein Wort! Ich überlegte eine Weile, welcher Mensch in meiner Umgebung keine Probleme hatte, um ihn vielleicht fragen zu können, wie er das machte. Da fiel mir ein Ort ein, wo man Tausende solcher Menschen finden kann, von denen ich ziemlich sicher weiß, dass sie keinerlei Probleme haben. Mein Freund wollte sofort wissen, wo dieser Ort zu finden sei und wir machten uns gleich gemeinsam auf den Weg. Nach einem kurzen Spaziergang kamen wir an unser Ziel und schritten schließlich durch das Eingangstor des städtischen Friedhofes.

Weisheitsgeschichte

Wenn man es jedem recht macht ...

Ein Vater war mit seinem Sohn und einem Esel in der Mittagshitze in den staubigen Gassen einer Stadt unterwegs. Der Sohn führte den Esel, auf dem der Vater saß.

„Das arme Kind!", sagte ein Mann, der vorbeiging. „Seine kurzen Beinchen versuchen, mit dem Esel Schritt zu halten. Wie kann man als Vater so faul auf dem Esel herumsitzen, wenn man doch sieht, dass das Kind sich müde läuft!"

Der Vater nahm sich das zu Herzen und stieg ab. Dann ließ er den Jungen aufsitzen. Es dauerte nicht

lange, da trafen sie auf eine alte Frau, die gleich los-
schimpfte: „So eine Unverschämtheit. Sitzt dieser
kleine Bengel wie ein König auf dem Esel, während
sein armer, alter Vater nebenherlaufen muss."

Das tat nun dem Jungen sehr leid. Also bat er
seinen Vater, sich zu ihm auf den Esel zu setzen.

„Ja, ist es denn wahr?", sagte eine junge Frau da.
„So eine Tierquälerei! Dem armen Esel hängt der
Rücken durch, und die beiden Nichtsnutze sind zu
faul zum Laufen!"

Vater und Sohn sahen sich an und stiegen beide
wieder ab. Nun gingen sie neben dem Esel her. Da
begegnete ihnen ein Mann, der sich über sie lustig
machte: „Wie kann man bloß so dämlich sein! Wo-
für hat man denn einen Esel, wenn er einen nicht
trägt?"

Da platzte dem Vater der Kragen: „Wenn mir jetzt
noch einer sagt, ich solle den Esel tragen, werde ich
ihn schlagen! Sollen die doch wegschauen, denen
es nicht passt, wie wir unterwegs sind!" Und ab da
wechselten sich Vater und Sohn mit dem Reiten auf
dem Esel ab und ließen es gut sein.

Weisheitsgeschichte

Aufgabe

Einst lebten in einem Teich ein paar Frösche, deren größter Wunsch es war, auf den höchsten Berg zu hüpfen, der in der Nähe lag, um endlich einmal den Sonnenaufgang in seiner ganzen Pracht bewundern zu können. So machten sie sich auf den Weg und hüpften los. Schon nach kurzer Zeit gaben die Ersten auf. Sie riefen: „Den Gipfel des Berges erreichen wir nie! Wir sind ja auch nur Frösche, dafür sind wir nicht geschaffen!" Nach einer Weile gaben die Nächsten auf. Sie riefen: „Der Berg ist viel zu hoch, das ist unmöglich!" Sie blieben zurück. Einige Stunden später, kurz vor dem Gipfel, keuchten die Letzten: „Die anderen haben schon aufgegeben, warum sollten wir uns noch abmühen für einen sinnlosen und verrückten Traum?" Und so kehrten auch sie wieder um.

Nur ein einziger Frosch hüpfte ungeachtet all der Bedenken und Ermahnungen der anderen weiter. Was immer ihm jene, die aufgaben, auch zuriefen, er ließ sich nicht von seinem Vorhaben abbringen und erreichte schließlich den Gipfel des Berges. Von dort bewundert er auch heute noch die wunderschönsten Sonnenauf- und untergänge. Der Grund, warum er sein Ziel erreichte? Er war taub!

Weisheitsgeschichte

Finden, was man sucht

In einer Herberge, in der viele Halt machten, die auf der Durchreise und Wanderschaft waren, trat ein Wanderer abends müde an den Tisch eines Einheimischen. „Habt Ihr noch einen Platz für mich?", fragte er. „Bitte, setzt Euch! Woher kommt Ihr, wohin wollt Ihr?", fragte der Einheimische.

„Ach, ich komme aus der schrecklichen Stadt *Wie-man's-sieht*. Alle Menschen, die dort wohnen, lügen und betrügen, sie bestehlen einander, sind unfreundlich und wünschen ihrem Nachbarn die Pest an den Hals. Ich bin froh, dass ich dort weggezogen bin. Eigentlich möchte ich in den Nachbarort, aber sagt mir erst: Wie sind die Menschen dort? Kann man mit ihnen auskommen?"

Der Einheimische betrachtete ihn eine Weile und antwortete dann: „Nun ja, Ihr werdet dort keine besseren Menschen finden, fürchte ich. Sie sind so wie jene in der Stadt, aus der Ihr kommt."

Der Wanderer war betrübt und traurig. „Dann muss ich wohl noch weiterziehen und nach einer anderen Stadt suchen, in der ich bleiben kann", antwortete er und verließ die Gaststube.

Etwas später am Abend stand wiederum ein fremder Wanderer am Tisch des Einheimischen und fragte: „Habt Ihr noch einen Platz für mich?" „Bitte, setzt Euch! Woher kommt Ihr, wohin wollt Ihr?", fragte der Einheimische wiederum.

„Ach, ich komme aus einer wunderschönen Stadt, *Wie-man's-sieht* heißt sie. Alle, die dort wohnen, sind freundlich und zuvorkommend. Man kann sich auf ihr Wort verlassen und sie helfen einem aus jeder Not. Nun führt mich aber mein Beruf von dort weg und ich wollte mich hier im Nachbarort niederlassen. Aber sagt, wie sind die Menschen dort?"

Der Einheimische lächelte und antwortete: „Nun, Ihr werdet dort die gleichen Menschen finden wie in *Wie-man's-sieht.* Ihr werdet Euch dort bald zu Hause fühlen!"

Da bedankte sich der Wanderer und verließ pfeifend den Schankraum. Der Einheimische blieb noch lange lächelnd am Tisch sitzen und dachte an das Nachbardorf, in dem genau die Menschen lebten, die man dort erwartete.

Weisheitsgeschichte

Blindes Sehen

Ein Mann, der in seinem Gotteszweifel gefangen war, sagte: „Gott, sprich zu mir!" Und eine Wiesenlerche sang. Der Mann hörte sie jedoch nicht.

Also rief er wieder: „Gott, sprich zu mir!" Und ein heftiger Donner grollte über den Himmel. Aber der Mann bemerkte es nicht einmal.

Dann änderte er seine Strategie. Er sah sich um und sagte: „Gott, zeige dich mir." Und ein Stern leuchtete hell über ihm. Aber der Mann beachtete ihn gar nicht.

Dann rief er: „Gott, zeige mir ein Wunder!" Und ein neues Leben wurde geboren. Aber den Mann berührte das nicht.

Stattdessen wurde er immer verzweifelter und schrie: „Berühre mich, Gott, und lass mich wissen, dass du da bist!" Gott beugte sich hinunter und berührte den Mann mit unendlicher Zärtlichkeit. Doch der Mann wischte den Schmetterling von seinem Arm und ging voller Trauer weg.

Weisheitsgeschichte

*Ein Tropfen Liebe ist mehr
als ein Ozean Verstand*

Blaise Pascal

Kann man weise lieben?

Schön ist eigentlich alles, was man mit Liebe betrachtet. Je mehr jemand die Welt liebt, desto schöner wird er sie finden.

Christian Morgenstern

Gönne dich dir selbst

Es ist viel klüger, du entziehst dich von Zeit zu Zeit deinen Beschäftigungen, als dass sie dich ziehen und dich nach und nach an einen Punkt führen, an dem du nicht landen willst. Du fragst, an welchen Punkt? An den Punkt, wo das Herz hart wird. Frage nicht weiter, was damit gemeint sei; wenn du jetzt nicht erschrickst, ist dein Herz schon so weit.

Wenn du ganz und gar für alle da sein willst, nach dem Beispiel dessen, der allen alles geworden ist (1. Kor 9,22), lobe ich deine Menschlichkeit – aber nur, wenn sie voll und echt ist. Wie kannst du aber voll und echt Mensch sein, wenn du dich selbst verloren hast? Auch du bist ein Mensch.

Damit deine Menschlichkeit allumfassend und vollkommen sein kann, musst du also nicht nur für alle anderen, sondern auch für dich selbst ein aufmerksames Herz haben. Denn, was würde es dir sonst nützen, wenn du – nach dem Wort des Herrn (Mt 16,26) – alle gewinnen, aber als Einzigen dich selbst verlieren würdest? Wenn also alle Menschen ein Recht auf dich haben, dann sei auch du selbst Mensch, der ein Recht auf sich selbst hat. Warum solltest einzig du selbst nichts von dir haben?

Wie lange bist du noch ein Geist, der auszieht und nie wieder heimkehrt (Ps 78,39)? Wie lange noch schenkst du allen anderen deine Aufmerksamkeit, nur nicht dir selber?

Ja, wer mit sich selbst schlecht umgeht, wem kann der gut sein?

Denk also daran: Gönne dich dir selbst. Ich sage nicht: Tu das immer, ich sage nicht: Tu das oft, aber ich sage: Tu es immer wieder einmal. Sei wie für alle anderen auch für dich selbst da, oder jedenfalls sei es nach allen anderen.

Bernhard von Clairvaux an seinen früheren Mönch,
Papst Eugen III.

Ein Schüler kam zum Meister und fragte ihn:
„Meister, was muss ich tun, um geliebt zu werden?"
Der Meister antwortete: „Ich verrate dir einen
Liebestrank, der ganz ohne Kräuter und Hexerei
auskommt: Wenn du geliebt werden willst, dann
liebe!"

Nach Hekaton von Rhodos

Von der Ehe

Dann sprach Almitra abermals und sagte:
Und was ist mit der Ehe, Meister?
Und er antwortete und sprach:
Ihr wurdet zusammen geboren,
und ihr werdet auf immer zusammen sein.
Ihr werdet zusammen sein, wenn die weißen
Flügel des Todes eure Tage scheiden.
Ja, ihr werdet selbst im stummen Gedenken
Gottes zusammen sein.
Aber lasst Raum zwischen euch.
Und lasst die Winde des Himmels zwischen euch
tanzen.
Liebt einander,
aber macht die Liebe nicht zur Fessel:
Lasst sie eher ein wogendes Meer zwischen den
Ufern eurer Seelen sein.
Füllt einander den Becher,
aber trinkt nicht aus einem Becher.
Gebt einander von eurem Brot,
aber esst nicht vom selben Laib.
Singt und tanzt zusammen und seid fröhlich,
aber lasst jeden von euch allein sein,
So wie die Saiten einer Laute allein sind und doch
von derselben Musik erzittern.
Gebt eure Herzen,
aber nicht in des anderen Obhut.

Denn nur die Hand des Lebens kann eure Herzen umfassen.
Und steht zusammen, doch nicht zu nah:
Denn die Säulen des Tempels stehen für sich,
Und die Eiche und die Zypresse wachsen nicht im Schatten der anderen.

Khalil Gibran

Liebesorakel

Eine Frau besuchte ihre Freundin zum ersten Mal zu Hause. Als sie in den Garten trat, stand dort ein blühender Baum von solcher Schönheit, wie sie es noch selten gesehen hatte. „Was für ein wundervoller Baum! Und wie er blüht! Was ist das Geheimnis dieses Baumes?", fragte sie ihre Freundin.

Diese schmunzelte und erzählte: „Vor einigen Jahren hatten mein Mann und ich uns auseinandergelebt. Wir hatten uns nichts mehr zu sagen und empfanden unsere Beziehung als langweilig. Eigentlich wollten wir beide nur noch weg. Endlich schafften wir es, darüber zu reden, und fassten einen Plan: Mein Mann hatte kurz zuvor einen jungen Baum im Garten gepflanzt, den wir nun sozusagen als Orakel für unsere Liebe nutzen wollten. Sollte er angehen und aufblühen, dann würden wir das als Zeichen sehen und beieinander bleiben.

Sollte er aber nicht angehen und sterben, sollte auch das ein Zeichen sein und wir würden uns scheiden lassen.

Und dann ertappten wir uns gegenseitig dabei, wie wir nachts heimlich mit der Gießkanne zum Baum liefen und ihn tränkten."

Weisheitsgeschichte

Nächstenliebe

Die Nächstenliebe leugnet keiner,
doch ist sie oft nur leerer Wahn,
das merkst am besten du in einer
stark überfüllten Straßenbahn.
Du wirst geschoben und musst schieben,
der Strom der Menge reißt dich mit.
Wie kannst du da den Nächsten lieben,
wenn er dir auf die Füße tritt?!

Heinz Erhardt

Stell dir vor, es ist Krieg ...

Als der Krieg zwischen zwei benachbarten Völkern unvermeidlich war, schickten die feindlichen Feldherrn Späher aus, um zu erkunden, wie man am leichtesten in das Nachbarland einfallen könnte. Die Späher kehrten zurück und berichteten, es gebe nur eine einzige Stelle an der Grenze, um in das andere Land zu gelangen.

„Dort wohnt jedoch ein Bauer mit seiner Frau", sagten sie. „Sie haben einander lieb, und man sagt, sie seien die glücklichsten Menschen auf der Welt. Sie haben einen Sohn. Wenn wir nun über ihr Land in das Feindesland einmarschieren, dann zerstören wir auch ihr Glück. Also kann es keinen Krieg geben."

Das mussten auch die Feldherren einsehen, und so fiel der Krieg aus – wie jeder Mensch wohl begreifen wird.

Aus China

Wie man sich selbst liebt

Früher, da ich unerfahren
Und bescheidner war als heute,
Hatten meine höchste Achtung
Andre Leute.
Später traf ich auf der Weide
Außer mir noch mehre Kälber,
Und nun schätze ich, sozusagen,
Erst mich selber.

Wilhelm Busch

Wie am ersten Tag

Wenn ich dir aber, lieber Leser, nicht zu sagen vermag, was die Liebe eigentlich ist, so könnte ich dir doch ganz ausführlich erzählen, wie man sich gebärdet und wie einem zumute ist, wenn man sich auf den Apeninen verliebt hat. Man gebärdet sich nämlich wie ein Narr, man tanzt über Hügel und Felsen und glaubt, die ganze Welt tanze mit. Zumute ist einem dabei, als sei die Welt erst heute erschaffen worden und man sei der erste Mensch.

„Ach, wie schön ist das alles", jauchzte ich, als ich Francescas Wohnung verlassen hatte. Wie schön und kostbar ist diese neue Welt! Es war mir, als müsste ich allen Pflanzen und Tieren einen Namen geben, und ich benannte alles nach seiner inneren Natur und nach meinem eigenen Gefühl, das mit den Außendingen so wunderbar verschmolz. Meine Brust war eine Quelle von Offenbarung, und ich verstand alle Formen und Gestaltungen, den Duft der Pflanzen, den Gesang der Vögel, das Pfeifen des Windes und das Rauschen der Wasserfälle.

Manchmal hörte ich auch die göttliche Stimme: „Adam, wo bist du?"

„Hier bin ich, Francesca", rief ich dann, „ich bete dich an, denn ich weiß ganz gewiss, du hast Sonne, Mond und Sterne erschaffen und die Erde mit allen ihren Kreaturen!"

Dann kicherte es aus den Myrtenbüschen, und heimlich seufzte ich in mich hinein: „O süße Torheit, verlass mich nicht!"

Heinrich Heine

Die drei Söhne

Drei Frauen trafen sich an einen Brunnen, um Wasser zu holen. Sie kamen miteinander ins Gespräch und schnell waren sie bei ihren Söhnen angelangt.

„Meinen Sohn solltet ihr mal singen hören", sagte die Erste, „wie eine Nachtigall, so schön!"

Die Zweite trumpfte auf: „Meinen Sohn solltet ihr mal beim Sport sehen, er ist so stark und kräftig, dass er einen Stein fast bis zum Mond schleudern kann!"

Die dritte Frau aber schwieg.

Erstaunt sahen die beiden anderen sie an. „Und dein Sohn?", fragten sie. „Was ist mit dem?" – „Was soll ich da erzählen", erwiderte sie. „Mein Sohn ist ein junger Kerl wie andere auch."

Dann schulterten alle drei die Wasserkrüge und machten sich auf den Nachhauseweg. Die Sonne brannte, die Krüge wurden ihnen immer schwerer.

Da kamen den Frauen ihre Söhne von Weitem entgegen. Der Erste sang so schön wie eine Nachtigall, der Zweite schleuderte die Steine hoch in die Luft. Der Dritte aber lief zu seiner Mutter und nahm ihr den Krug von der Schulter.

Ein alter Mann saß am Eingang des Dorfes und hatte alles mit angesehen. Eine der drei fragte ihn: „Nun, was sagst du zu unseren drei Söhnen?"

„Drei Söhne?", fragte der Alte da. „Ich sehe nur einen."

Nach Leo N. Tolstoi

Die Insel der Gefühle

Vor langer Zeit lebten alle Gefühle gemeinsam auf einer wunderschönen kleinen Insel einträchtig zusammen: der Humor und die gute Laune, der Stolz und der Reichtum, die Traurigkeit und die Einsamkeit, das Glück und die Intuition, das Wissen und all die vielen anderen Gefühle, Eigenschaften und Qualitäten, die einen Menschen ausmachen. Und natürlich war dort auch die Liebe zu Hause.

Eines Tages lief eine Nachricht wie ein Lauffeuer um die Insel: Die Insel sei vom Untergang bedroht und werde schon sehr bald im Ozean versinken. Also machten sich alle daran, ihre Schiffe klarzumachen, um die Insel zu verlassen. Nur die Liebe, deren Schiff ein Loch hatte, wollte einfach nicht gehen. Ihr gefiel es so gut hier und sie wäre so gerne geblieben.

Als die Insel nun aber tatsächlich zu sinken begann, musste auch die Liebe einsehen, dass sie gehen musste. Also fragte sie die anderen Gefühle, ob sie vielleicht bei ihnen mitfahren könne.

Der Reichtum war gerade an Bord eines Luxusdampfers gegangen, als ihn die Liebe ansprach. „Reichtum, kannst du mich mitnehmen?", fragte sie.

„Nein, das geht nicht", antwortete der Reichtum. „Ich habe sehr viel Gold, Silber und Edelsteine im Laderaum. Da ist kein Platz mehr für dich."

Also ging die Liebe weiter und fragte als Nächstes den Stolz, der auf einem großen und schönen Schiff saß. „Stolz, bitte, kannst du mich mitnehmen?"

„Tut mir leid, Liebe, ich kann dich nicht mitnehmen", antwortete er. „Hier ist alles perfekt und du könntest mein schönes Schiff kaputtmachen." Die Liebe zuckte mit den Schultern und ging weiter.

Dann traf sie die Traurigkeit und sagte zu ihr: „Traurigkeit, bitte nimm du mich mit!"

„Ach Liebe", entgegnete die Traurigkeit, „ich bin so traurig, ich muss allein bleiben." Wieder ging die Liebe weiter.

Von Weitem rief sie der guten Laune zu: „Gute Laune, kannst du mich mitnehmen?" Aber diese war so zufrieden und ausgelassen, dass sie nicht einmal hörte, dass die Liebe sie rief.

Plötzlich aber hörte die Liebe eine Stimme hinter sich: „Komm Liebe, du kannst mit mir mitfahren."

Die Liebe war so dankbar und so glücklich, dass sie nun doch nicht mit der Insel untergehen musste, dass sie völlig vergaß, ihren Retter nach seinem Namen zu fragen.

Als sie wieder an Land waren, fragte die Liebe das Wissen: „Wissen, kannst du mir sagen, wer mir geholfen und mich mitgenommen hat?"

„Ja, sicher", antwortete das Wissen, „das war die Zeit."

„Die Zeit?", fragte die Liebe erstaunt. „Warum

hat mir denn ausgerechnet die Zeit geholfen?"

Das Wissen antwortete: „Weil nur die Zeit versteht, wie wichtig die Liebe im Leben ist."

Weisheitsgeschichte

Geschenkt!

Als die Kinder nach den Sommerferien wieder in die Schule strömten, trat ein kleiner Junge schüchtern an den Platz der Lehrerin und überreichte ihr eine wunderschöne Muschel. „Schenke ich Ihnen", sagte er leise.

„O, ist die schön!", rief sie. „Ich habe noch nie eine so schöne Muschel gesehen! Wo hast du sie gefunden?"

„Als wir im Urlaub auf einer Insel waren, hat mir ein Junge aus dem Dorf erzählt, dass es eine versteckte Stelle gibt, an die man schwer herankommt, wo aber hin und wieder eine solche Muschel angeschwemmt wird. Da habe ich mich auf den Weg gemacht und sie für Sie gesucht", sagte der Junge.

„Ich werde diese Muschel mein ganzes Leben lang aufbewahren, sie ist so toll! Ich danke dir von Herzen, mein Junge, aber du hättest doch nicht so einen weiten Weg auf dich nehmen müssen, nur um mir etwas zu schenken!"

Darauf schaute der Junge sie fast enttäuscht an und sagte: „Aber der weite Weg ist doch ein Teil des Geschenks!"

Weisheitsgeschichte

Weibliche Intuition

Einmal ging ein junger Mann den einsamen Weg von seinem Dorf bis zum nächsten Markt. Als er schon eine Weile unterwegs war, traf er an einer Weggabelung ein hübsches Mädchen. Sie wollte auch zum Markt und so gingen sie gemeinsam weiter. Der junge Mann hatte sich einen großen Kupferkessel auf den Rücken geschnallt. Er hoffte, ihn für gutes Geld verkaufen zu können. In der rechten Hand hatte er zudem ein lebendiges Huhn und einen Wanderstab, in der linken Hand hatte er eine Leine, an der eine Ziege ging, denn er wollte die Tiere ebenfalls auf dem Markt verkaufen.

Sie waren angeregt ins Gespräch vertieft und schon eine ganze Weile zusammen unterwegs, als der Weg vor ihnen plötzlich in eine finstere Bergschlucht führte. Das Mädchen blieb stehen und sagte: „Durch diese Schlucht werde ich nicht gehen. Gibt es keinen anderen Weg?"

„Nein, einen anderen gibt es nicht, wie du wohl weißt", sagte der junge Mann. „Aber warum willst du denn nicht durch die Schlucht gehen? Die müssen doch alle aus unseren Dörfern auf dem Weg zum Markt durchqueren?"

„Weil ich befürchte, du könntest die Gelegenheit ausnutzen wollen, um mich in der einsamen Schlucht zu umarmen und zu küssen", antwortete das Mädchen. Der arme junge Mann wusste gar nicht, was er zu dieser Unterstellung sagen sollte, und bemerkte nicht das verschmitzte Grinsen, das sich in die Augen des Mädchens stahl.

Also sagte er: „Ach, da brauchst du dir wirklich keine Sorgen zu machen. Wie sollte ich das denn tun? Ich habe einen Kupferkessel auf dem Rücken, an der einen Hand die Ziege und in der anderen Hand das Huhn und einen Stock. Ich habe gar keine Hand frei!"

Da sagte das Mädchen: „Nun, ich wüsste schon, wie du das anstellen könntest. Du könntest das Huhn auf die Erde setzen und den Kessel darüberstülpen, dann den Stock fest in den Boden rammen und die Ziege daran festbinden. Dann könntest du mich umarmen und küssen."

Völlig verwirrt starrte der junge Mann das Mädchen an, bis er endlich das Lachen sah, das sie nur noch mit Mühe unterdrückte. Da musste auch er lachen, und endlich rief er: „Der Herr segne dich für deine Weisheit!" Und gemeinsam setzten sie ihren Weg fort.

Weisheitsgeschichte

Sie saßen und tranken am Teetisch

Sie saßen und tranken am Teetisch,
Und sprachen von Liebe viel.
Die Herren waren ästhetisch,
Die Damen von zartem Gefühl.
Die Liebe muss sein platonisch,
Der dürre Hofrat sprach.
Die Hofrätin lächelt ironisch,
Und dennoch seufzet sie: Ach!
Der Domherr öffnet den Mund weit:
Die Liebe sei nicht zu roh,
Sie schadet sonst der Gesundheit.
Das Fräulein lispelt: Wieso?
Die Gräfin spricht wehmütig:
Die Liebe ist eine Passion!
Und präsentieret gütig
Die Tasse dem Herrn Baron.
Am Tische war noch ein Plätzchen;
Mein Liebchen, da hast du gefehlt.
Du hättest so hübsch, mein Schätzchen,
Von deiner Liebe erzählt.

Heinrich Heine

Als ich anfing, mich selbst zu lieben

Als ich anfing, mich selbst zu lieben,
erkannte ich, dass Ärger und emotionales Leid
nur Warnzeichen dafür sind,
dass ich gegen meine eigene Wahrheit lebe.
Heute weiß ich, das nennt man *Authentizität*.

Als ich anfing, mich selbst zu lieben,
verstand ich, wie sehr es jemanden verletzen kann,
wenn ich versuche, ihn zur Projektionsfläche
meiner Wünsche zu machen,
selbst wenn ich weiß, dass weder die Zeit dafür reif
noch der andere dazu bereit ist,
und das sogar, wenn dieser Mensch ich selbst bin.
Heute nenne ich das *Respekt*.

Als ich anfing, mich selbst zu lieben,
hörte ich auf, mich nach einem anderen Leben
zu sehnen,
und ich sah plötzlich, dass alles, was mich umgab,
mich einlud, zu wachsen.
Heute nenne ich das *Reife*.

Als ich anfing, mich selbst zu lieben,
ließ ich es sein, mir meine eigene Zeit zu stehlen,
und hörte damit auf, grandiose Pläne für die
Zukunft zu schmieden.
Heute tue ich nur noch das,

was mich erfreut und mich glücklich macht,
was ich gerne tue und was mein Herz
zum Lachen bringt,
und das auf meine ganz eigene Weise und in
meinem eigenen Rhythmus.
Heute nenne ich das *Einfachheit*.

Als ich anfing, mich selbst zu lieben,
verstand ich, dass ich immer
am richtigen Ort zur richtigen Zeit bin,
und dass alles exakt im richtigen Moment geschieht.
Nun konnte ich ruhig sein.
Heute nenne ich das *Selbstvertrauen*.

Als ich anfing, mich selbst zu lieben,
habe ich mich von allem befreit,
was nicht gut für meine Gesundheit ist:
Nahrungsmittel, Menschen, Dinge, Situationen
und alles,
was mich herunterzieht und mich von mir
selbst entfernt.
Zunächst nannte ich diese Haltung
„gesunden Egoismus".
Heute weiß ich, das nennt man *Selbstliebe*.

Als ich anfing, mich selbst zu lieben,
hörte ich damit auf, immer Recht haben zu wollen,
und deshalb habe ich mich seitdem auch
seltener geirrt.

Heute habe ich verstanden:
Das nennt man *Bescheidenheit.*

Als ich begann, mich selbst zu lieben,
habe ich mich geweigert,
weiter in der Vergangenheit zu leben
und mir über die Zukunft Sorgen zu machen.
Heute lebe ich nur noch für den Moment,
in dem ich gerade bin.
Heute lebe ich jeden Tag,
und das Tag für Tag.
Ich nenne es: *Erfüllung.*

Als ich begann, mich selbst zu lieben,
habe ich verstanden, dass mein Verstand
mich verwirren und sogar krank machen kann.
Aber wenn ich die Verbindung herstelle
zwischen ihm und meinem Herz,
dann ist er ein wertvoller Verbündeter für mich.
Heute nenne ich diese Verbindung
Weisheit des Herzens.

Wir müssen uns nicht länger vor Auseinandersetzungen, Konflikten oder anderen Problemen mit
uns selbst und mit anderen fürchten.
Sogar die Sterne kollidieren miteinander – und
aus dem Zusammenstoß werden Welten geboren.
Heute weiß ich: Das ist das Leben!

Charlie Chaplin in einer Rede zu seinem 70. Geburtstag

Man nehme 12 Monate,
putze sie ganz sauber
von Neid, Bitterkeit,
Pedanterie und Angst ...

Katharina Elisabeth Goethe

Zutaten für ein Leben, das glückt

Rezept des Jahres

Man nehme 12 Monate, putze sie ganz sauber von
Neid, Bitterkeit, Pedanterie und Angst und zerlege
jeden Monat in 30 oder 31 Teile, sodass der Vorrat
genau für ein Jahr reicht.

Jeder Tag wird einzeln angerichtet aus 1 Teil Arbeit und 2 Teilen Frohsinn und Humor. Man füge
3 gehäufte Esslöffel Optimismus hinzu, 1 Teelöffel
Toleranz, 1 Körnchen Ironie und 1 Prise Takt. Dann
wird die Mischung mit sehr viel Liebe übergossen.
Das fertige Gericht schmücke man mit Sträußchen
kleiner Aufmerksamkeiten und serviere es täglich
mit Heiterkeit!

Katharina Elisabeth Goethe

*Mische ein bisschen Torheit in dein ernsthaftes Tun
und Trachten! Albernheiten im rechten Moment
sind etwas ganz Köstliches.*

Horaz

Tagesprogramm

Heute will ich
aus dem Rahmen fallen
und weich landen,
dann zu der Musik
in meinem Kopf
schön aus der Reihe tanzen,
mich zum Ausruhen
zwischen die Stühle setzen,
danach ein bisschen
gegen den Strom schwimmen,
unter allem Geschwätz wegtauchen
und am Ufer der Fantasie
so lange den Sonnenschein genießen,
bis dem Ernst des Lebens
das Lachen vergangen ist.

Hans Kruppa

Der Sinn des Lebens

Ein Mann kam eines Tages zum Meister und sprach:
„Ich habe schon alles unternommen, um den Sinn
des Lebens zu finden. Ich war bei allen bekannten
spirituellen Lehrern, habe alle Laster aufgegeben,
gefastet, mich kasteit, enthaltsam gelebt und Tage und Nächte lang meditiert auf der Suche nach

Glück und Selbstverwirklichung. Ich habe alles getan, was man von mir verlangte, alles aufgegeben, an dem ich hing, und jede Qual auf mich genommen. Aber nichts von alldem hat geholfen. Ich habe bis heute nicht den Sinn des Lebens finden können. Was soll ich also tun? Du bist meine letzte Rettung."

Der Weise lächelte und antwortete: „Hör auf zu jammern."

Weisheitsgeschichte

Humor ist eines der besten Kleidungsstücke, die man in Gesellschaft tragen kann.

William Shakespeare

Freuen als Heilmittel

Freude ist ein außerordentliches Heilmittel, das oft den ganzen Organismus neu und zur Selbsttätigkeit anregen kann. Ebenso sehr auch die stille, beständige Freudigkeit in der Auffassung aller Dinge und Menschen, die weniger rasche, aber vielleicht dauerhafte Wirkungen hat.

Carl Hilty

Was tun?

Schreibe das Unrecht, das man dir antut,
in den Sand,
doch schreibe das Gute, das dir widerfährt,
auf marmorne Tafeln.
Lass alle Gefühle wie Groll und den Wunsch
nach Vergeltung fahren,
sie schwächen dich nur,
doch halte fest an Gefühlen wie Dankbarkeit
und Freude,
die dich stärken.

Aus dem Sufismus

Menschsein

Mensch sein ist von allem die Hauptsache. Und das heißt: fest und klar und heiter sein, ja, heiter trotz alledem, denn das Heulen ist Geschäft der Schwäche. Mensch sein heißt, sein ganzes Leben „auf des Schicksals große Waage" freudig hinwerfen, wenn's sein muss, sich zugleich aber an jedem hellen Tag und jeder schönen Wolke freuen, ach, ich weiß keine Rezepte zu schreiben, wie man Mensch sein soll, ich weiß nur, wie man's ist …

Rosa Luxemburg

Der beste Beweis für Weisheit ist gute Laune.

Michel de Montaigne

Schule der Freundlichkeit

Ein Schüler fragte den Meister, wie er es denn schaffe, immer so freundlich zu anderen zu sein, selbst wenn sie ihn ärgerten oder angriffen. „Wer hat dir das beigebracht und was muss ich beachten, wenn ich es dir gleichtun will?", fragte der Schüler.

„Nicht ein Lehrer hat mich unterrichtet", antwortete der Meister, „sondern viele Lehrer haben mir die Freundlichkeit beigebracht. Und ich lerne noch immer. Denn meine Lehrer waren die unhöflichen Menschen. Ich habe mir immer nur gemerkt, was mir am Gebaren anderer Menschen mir selbst gegenüber nicht gefallen hat – und dann habe ich mir Mühe gegeben, genau dieses Verhalten meinen Mitmenschen gegenüber zu vermeiden. So einfach ist es – und doch so hilfreich."

Zen-Geschichte

Drei goldene Wege

Es gibt drei Möglichkeiten, Weisheit zu erlangen:
Erstens durch Nachdenken; dies ist die edelste.
Zweitens durch Erfahrung; dies ist die bitterste.
Drittens durch Nachahmung;
dies ist die einfachste.

Konfuzius

Zwei Wölfe

Ein alter Indianer saß mit seinem Enkelsohn am Lagerfeuer. Die Nacht hatte sich über das Land gesenkt und das Feuer knackte und krachte, während die Flammen hoch hinaus in den Himmel züngelten.

Nach langem Schweigen sagte der Alte zu seinem Enkel: „Weißt du, manchmal fühle ich mich, als hätte ich zwei Wölfe in meinem Herzen, die miteinander kämpfen. Einer der beiden ist rachsüchtig, aggressiv und grausam. Der andere dagegen ist liebevoll, sanft und mitfühlend."

„Welcher der beiden wird den Kampf um dein Herz gewinnen?", fragte der Junge.

„Der Wolf, den ich füttere", antwortete der Alte.

Indianische Weisheit

Futter für *ein* Pferd

Als der Mullah eines Abends in den Dorfsaal kam, um eine Predigt zu halten, fand er ihn leer vor – bis auf einen jungen Stallmeister, der in der ersten Reihe saß. Der verwunderte Mullah sagte zu ihm: „Außer dir ist niemand gekommen. Soll ich deiner Meinung nach trotzdem sprechen oder nicht?"

Der Stallmeister überlegte einen Moment und antwortete dann: „Herr, ich bin ein einfacher Mann, davon verstehe ich nichts. Aber wenn ich in einen Stall komme und sehe, dass alle Pferde weggelaufen sind und nur noch ein einziges dageblieben ist, dann werde ich es trotzdem füttern."

Der Mullah verstand und begann seine Predigt. Über zwei Stunden lang redete er auf den Stallmeister ein. Danach fühlte er sich sehr erleichtert und glücklich und wollte von seinem einzigen Zuhörer bestätigt wissen, dass es ihm ebenso ging. Er fragte ihn also: „Wie hat dir meine Predigt gefallen?"

Der Stallmeister dachte wieder kurz nach und antwortete dann: „Wie ich bereits sagte, ich bin ein einfacher Mann und verstehe von so etwas nicht viel. Aber wenn ich in einen Stall komme und sehe, dass alle Pferde außer einem weggelaufen sind, dann werde ich es trotzdem füttern. Ich würde ihm aber nur das Futter für ein Pferd geben, nicht das für einen ganzen Stall voll Pferde."

Orientalische Weisheit

Der Unterschied zwischen Kraft und Mut

Man braucht Kraft, um stark zu sein,
aber man muss Mut haben, um höflich zu sein.

Man braucht Kraft, um sich zu verteidigen,
aber man muss Mut haben, um Vertrauen zu haben.

Man braucht Kraft, um einen Kampf zu gewinnen,
aber man muss Mut haben, um sich zu ergeben.

Man braucht Kraft, um recht zu haben,
aber man muss Mut haben, um zu zweifeln.

Man braucht Kraft, um stabil zu bleiben,
aber man braucht Mut, um aufrichtig zu bleiben.

Man braucht Kraft, um das Leiden eines Freundes
zu sehen,
aber man braucht Mut, um sein eigenes Leiden
zu fühlen.

Man braucht Kraft, um seine eigenen Fehler
zu verbergen,
aber man braucht Mut, um dieselben einzugestehen.

Man braucht Kraft, um das Unrecht zu ertragen,
aber man braucht Mut, um dasselbe zu beenden.

Man braucht Kraft, um alleine zu bleiben,
aber man braucht Mut, um Hilfe zu bitten.

Man braucht Kraft zum Lieben,
aber man braucht Mut, um geliebt zu werden.

Man braucht Kraft, um zu überleben,
aber man braucht Mut zum Leben.

Ludwig Auerbach

Engel finden

Wer unter Menschen
nur einen Engel sucht,
der findet kaum Menschen.
Wer aber unter Menschen
nur Menschen sucht,
der findet gewiss
einen Engel.

Moritz Gottlieb Saphir

Ungebrochen

Der Meister wollte mit ein paar ausgewählten Schülern eine heilige Stätte besuchen, die ein paar Tagesreisen entfernt lag. Da sie sich auch innerlich auf das Ritual und den Ort vorbereiten wollten, hatten sie vereinbart, die Zeit, bis sie dort ankämen, fastend zu verbringen.

Gegen Abend kamen sie in ein Dorf, in dem sie übernachten wollten. Als die Bewohner erkannten, dass ihre Gäste der von ihnen hoch geschätzte Meister und seine Schüler waren, fühlten sie sich durch seinen Besuch sehr geehrt und veranstalteten spontan ein Fest zu seinen Ehren. Sie trugen alles zusammen, was ihr Dorf an Köstlichkeiten zu bieten hatte: duftenden Reis, gebratenes Fleisch, Früchte und süße Nachspeisen.

Als man nun die Gäste bat, an der Tafel Platz zu nehmen, tat dies nur der Meister. Er ließ es sich sichtlich schmecken, während seine Schüler mit knurrendem Magen etwas entfernt saßen und heißen Tee tranken. Sie konnten nicht verstehen, warum sich der Meister gegen ihre Vereinbarung den Bauch vollschlug, während sie das Fasten einhielten.

Auf die zaghafte Nachfrage der Dorfbewohner, warum seine Schüler das Festessen verschmähten, sagte der Meister nur: „Sie verschmähen es nicht, aber sie fasten."

Als sie sich morgens verabschiedet hatten und wieder auf dem Weg waren, bestürmten ihn die Schüler: „Wie kann es sein, dass du gestern Abend mit den Dorfbewohnern am Tisch saßt und gegessen hast? Wir dachten, wir hätten vereinbart, dass wir auf der ganzen Reise fasten wollen? Das kannst du doch nicht vergessen haben!"

„Natürlich nicht", antwortete der Meister und lächelte. „Ich wollte nur lieber das Fasten brechen als die Herzen der Menschen, die sich so viel Mühe mit dem Essen gemacht und uns so liebevoll und gastfreundlich empfangen haben."

Weisheitsgeschichte

Warnung

Ein Mensch, der Ideale hat,
der hüte sich, sie zu erreichen!
Sonst wird er eines Tages anstatt
sich selber andren Menschen gleichen.

Erich Kästner

Wie man guten Mais anbaut

Ein amerikanischer Bauer baute auf seinen Feldern große Mengen von bestem Mais an. Jedes Jahr meldete er seinen Mais zum staatlichen Wettbewerb für das beste Saatgut der Umgebung an, und jedes Jahr gewann er.

In einem Jahr wurde er von einem Reporter interviewt, der hinter das Geheimnis des preisgekrönten Maises kommen wollte. Die Antwort verblüffte den Reporter sehr. Der Bauer berichtete, dass er sein Saatgut immer an seine Nachbarn weitergab.

„Aber wie kannst du Saatgut an deine Konkurrenten weitergeben?", fragte der Reporter.

„Das ist gar nicht so schwer zu verstehen", sagte der Bauer. „Der Wind nimmt die Pollen auf und verteilt sie von Feld zu Feld. Wenn meine Nachbarn schlechten Mais anbauen, kommt es zu Kreuzungen, die auch die Qualität meines Maises verschlechtern. Wenn ich guten Mais anbauen will, muss ich meinen Nachbarn helfen."

Kristina Reftel

Bescheidenheit

Die Selbstkritik hat viel für sich.
Gesetzt den Fall, ich tadle mich:
So hab ich erstens den Gewinn,
Dass ich so hübsch bescheiden bin;
Zum zweiten denken sich die Leut,
Der Mann ist lauter Redlichkeit;
Auch schnapp ich drittens diesen Bissen
Vorweg den andern Kritiküssen;
Und viertens hoff ich außerdem
Auf Widerspruch, der mir genehm.
So kommt es denn zuletzt heraus,
Dass ich ein ganz famoses Haus.

Wilhelm Busch

Lebensregel

Geh deinen Weg ruhig – mitten in Lärm und Hast –
und wisse, welchen Frieden die Stille schenken mag.

Stehe mit allen auf gutem Fuße, wenn es geht,
aber gib dich selbst nicht auf dabei.

Sage deine Wahrheit immer ruhig und klar und
höre die anderen auch an, selbst die Unwissenden,
Dummen – auch sie haben ihre Geschichte.

Laute und zänkische Menschen meide. Sie sind
eine Plage für dein Gemüt.

Wenn du dich selbst mit anderen vergleichen willst, wisse, dass Eitelkeit und Bitterkeit dich erwarten. Denn es wird immer größere und geringere Menschen geben als dich.

Erfreue dich an deinen Erfolgen und Plänen. Strebe wohl danach, weiterzukommen, doch bleibe bescheiden. Das ist ein guter Besitz im wechselnden Glück des Lebens.

Übe dich in Vorsicht bei deinen Geschäften. Die Welt ist voller Tricks und Betrug. Aber werde nicht blind für das, was dir an Tugend begegnet.

Sei du selbst – und vor allem: Heuchle keine Zuneigung, wo du sie nicht spürst. Doch denke nicht verächtlich von der Liebe, wo sie sich wieder regt. Sie erfährt so viel Entzauberung, erträgt so viel Dürre und wächst doch voller Ausdauer, immer neu, wie das Gras.

Nimm den Ratschluss deiner Jahre mit Freundlichkeit an. Und gib deine Jugend mit Anmut zurück, wenn sie endet.

Pflege die Kräfte deines Gemüts, damit es dich schützen kann, wenn Unglück dich trifft. Aber überfordere dich nicht durch Wunschträume. Viele Ängste entstehen durch Enttäuschung und Verlorenheit.

Erwarte eine heilsame Selbstbeherrschung von dir. Im Übrigen aber sei freundlich und sanft zu dir selbst. Du bist ein Kind der Schöpfung, nicht weniger als die Bäume und Sterne es sind. Du hast ein Recht, hier zu sein. Und ob du es merkst oder nicht – ohne Zweifel entfaltet sich die Schöpfung so, wie sie es soll.

Lebe in Frieden mit Gott, wie du ihn jetzt für dich begreifst. Und was auch immer deine Mühen und Träume sind in der lärmenden Verwirrung des Lebens – halte Frieden mit deiner eigenen Seele. Mit all ihrem Trug, ihrer Plagerei und ihren zerronnenen Träumen – die Welt ist immer noch schön!

Irischer Segen aus dem Jahr 1692

Gegengewicht

Der Himmel hat den Menschen als Gegengewicht
gegen die vielen Mühseligkeiten des Lebens
drei Dinge gegeben:
die Hoffnung,
den Schlaf
und das Lachen.

Immanuel Kant

Höflichkeit

Wer möchte diesen Erdenball
Noch fernerhin betreten,
Wenn wir Bewohner überall
Die Wahrheit sagen täten.

Ihr hießet uns, wir hießen euch
Spitzbuben und Halunken,
Wir sagten uns fatales Zeug
Noch eh wir uns betrunken.

Und überall im weiten Land,
Als langbewährtes Mittel,
Entsprosste aus der Menschenhand
Der treue Knotenknittel.

Da lob ich mir die Höflichkeit,
Das zierliche Betrügen.
Du weißt Bescheid, ich weiß Bescheid;
Und allen macht's Vergnügen.

Wilhelm Busch

Wirklich weise ist,
wer im Alltäglichen das
Wunderbare zu sehen vermag

nach Pearl S. Buck

Den Alltag weise meistern

Ungefragt

Der Weise, welcher sitzt und denkt
Und tief sich in sich selbst versenkt,
Um in der Seele Dämmerschein
Sich an der Wahrheit zu erfreun,
Der leert bedenklich seine Flasche,
Hebt seine Dose aus der Tasche,
Nimmt eine Prise, macht Habschieh!
Und spricht: „Mein Sohn, die Sach ist die!
Eh man auf diese Welt gekommen
Und noch so still vorlieb genommen,
Da hat man noch bei nichts was bei;
Man schwebt herum, ist schuldenfrei,
Hat keine Uhr und keine Eile
Und äußerst selten Langeweile.
Allein man nimmt sich nicht in Acht,
Und schlupp! Ist man zur Welt gebracht."

Wilhelm Busch

Dem Leben trauen

Einst lebte ein guter und gerechter König. Er hatte sein Schloss in der Hauptstadt seines Reiches, aber weil ihn die Menschen in seinem Reich interessierten und er wissen wollte, wie es ihnen ging, verkleidete er sich oft und ging unerkannt durch die Straßen seiner Stadt.

Eines Abends war er lange durch die Gassen gewandert, als sein Blick durch eines der Stadttore auf die Hütten der Armen fiel, die außerhalb der Mauer wohnten. In einer der Hütten brannte ein helles Licht und so spähte der König vorsichtig durchs Fenster. Dort saß ein Mann allein an seinem Tisch und betete über seiner Mahlzeit. Als er geendet hatte, klopfte der König an die Haustür. „Darf ein Gast eintreten?", fragte er. „Gerne", antwortete der Mann, „komm herein, halte Mahl mit mir, es reicht für uns beide!" Während des Essens sprachen die beiden über dies und das. Der Mann erkannte den König nicht und so fragte dieser: „Wovon lebst du, guter Mann? Was ist dein Beruf?" – „Ich bin Flickschuster", antwortete der. „Jeden Morgen gehe ich mit meinem Handwerkszeug durch die Stadt, und die Menschen bringen mir ihre Schuhe zum Ausbessern auf die Straße."

Als der Schuster am anderen Tag in die Stadt kam, sah er an allen Mauern ein Plakat angeschlagen: „Befehl des Königs! In dieser Woche ist auf

den Straßen meiner Stadt jegliche Flickschusterei
verboten!" Seltsam, dachte der Schuster. Was die
Könige sich für seltsame Dinge einfallen lassen!
Nun, dann werde ich heute Wasser tragen. Wasser
brauchen die Leute jeden Tag.

Am Abend hatte er so viel verdient, dass es für
eine Mahlzeit zu zweit reichte. Der König kam
abermals verkleidet und wieder erkannte der
Schuster ihn nicht. Der König sagte: „Ich habe mir
schon Sorgen um dich gemacht, als ich sah, was der
König sich hat einfallen lassen. Wie hast du denn
trotzdem dein Geld verdient, sodass du mich sogar
zum Essen einladen kannst?"

Der Schuster erzählte von seiner Idee, Wasser
für die Menschen in der Stadt zu holen und sich
dafür entlohnen zu lassen. Der König fragte: „Und
was ist, wenn du morgen keine Arbeit findest?" –
„Morgen? Gott sei gepriesen an jedem Tag!"

Als der Schuster am anderen Tag in die Stadt kam,
um wieder Wasser zu tragen, kamen ihm die Herol-
de des Königs entgegen. Sie riefen: „Ein Befehl des
Königs! Wasser tragen dürfen nur noch die, die eine
Erlaubnis des Königs dazu haben!" Was die Könige
sich für seltsame Dinge einfallen lassen. Nun, dann
werde ich Holz hacken und es den Menschen zum
Feuermachen bringen. Er holte seine Axt und ging
los. Am Abend hatte er wiederum so viel verdient,
dass es für eine Mahlzeit zu zweit reichte. Wieder
war der König sein Gast und fragte: „Und was ist,

wenn du morgen keine Arbeit findest?" – „Morgen? Gott sei gepriesen an jedem Tag!"

Am anderen Morgen kam dem Flickschuster ein Trupp Soldaten entgegen, als er in die Stadt kam. Der Hauptmann sagte zu ihm: „Du hast eine Axt. Du musst heute im Palasthof des Königs Wache halten. Hier hast du ein Schwert, lass deine Axt zu Hause!"

Nun musste der Flickschuster den ganzen Tag im Palast des Königs Wache halten und verdiente daher keinen Pfennig, um sich etwas zu essen kaufen zu können. Abends ging er daher zu seinem Krämer und sagte: „Heute habe ich nichts verdient, ich musste für den König Wache stehen. Ich habe aber einen Gast zum Essen heute Abend. Ich gebe dir das Schwert als Pfand, gib mir, was ich für mein Mahl brauche." Und so zog er das Schwert aus der Scheide und reichte es dem Krämer. Als er nach Hause kam, ging er gleich in seine Werkstatt und bastelte ein Holzschwert, das genau in die Scheide passte.

Als der König die Hütte betrat, wunderte er sich sehr, dass der Schuster es auch an diesem Abend wieder geschafft hatte, ein Mahl für zwei zu bereiten. „Was hast du heute getan?", fragte er den Schuster. Dieser erzählte ihm alles und zeigte ihm verschmitzt das Holzschwert, das in der Scheide steckte. „Und was ist, wenn der Hauptmann morgen die Schwerter inspiziert?", fragte der König.

„Morgen? Gott sei gepriesen an jedem Tag!", antwortete ihm der Schuster.

Als der Schuster am anderen Morgen den Palasthof betrat, eilte ihm der Hauptmann entgegen. An der Hand führte er einen gefesselten Gefangenen. „Das ist ein Mörder. Du sollst ihn hinrichten!", sagte er zum Schuster. „Das kann ich nicht", rief dieser erschreckt aus. „Ich kann keinen Menschen töten!" „Doch, du musst, das ist ein Befehl des Königs!"

Inzwischen hatte sich der Palasthof mit Neugierigen gefüllt. Der Schuster schaute in die Augen des Gefangenen. Ist das ein Mörder, fragte er sich? Dann fiel er auf die Knie und rief mit lauter Stimme: „Gott, du König des Himmels und der Erde, wenn dieser Mensch ein Mörder ist und ich ihn hinrichten soll, dann mach, dass mein Schwert aus Stahl in der Sonne blitzt! Wenn dieser Mensch jedoch kein Mörder ist, dann mach, dass mein Schwert aus Holz ist!"

Die Zaungäste und auch die Soldaten des Königs schauten atemlos dabei zu, wie er das Schwert aus der Scheide zog, es hochhielt – und das Holz zum Vorschein kam. Gewaltiger Jubel brach aus. In diesem Moment kam der König aus seinem Palast, ging geradewegs auf den Flickschuster zu und gab sich ihm zu erkennen. Er umarmte ihn und sagte: „Von heute an sollst du mein Ratgeber sein!"

Weisheitsgeschichte

Humor ist keine Gabe des Geistes,
er ist eine Gabe des Herzens.

Ludwig Börne

Lebensfreude

Ich danke Gott und freue mich,
wie's Kind zur Weihnachtsgabe,
dass ich bin, bin, und dass ich dich,
schön menschlich Antlitz, habe;

dass ich die Sonne, Berg und Meer
und Laub und Gras kann sehen
und abends unterm Sternenheer
und lieben Monde gehen;

und dass mir dann zu Mute ist,
als wenn wir Kinder kamen und sahen,
was der heilge Christ
bescheret hatte, Amen.

Ich danke Gott mit Saitenspiel,
dass ich kein König worden;
ich wär geschmeichelt worden viel
und wär vielleicht verdorben.

Auch bet ich ihn von Herzen an,
dass ich auf dieser Erde
nicht bin ein großer reicher Mann
und auch wohl keiner werde.

Denn Ehr und Reichtum treibt und bläht,
hat mancherlei Gefahren,
und vielen hat's das Herz verdreht,
die weiland wacker waren.

Und all das Geld und all das Gut
gewährt zwar viele Sachen;
Gesundheit, Schlaf und guten Mut
kann's aber doch nicht machen.

Und die sind doch, bei Ja und Nein,
ein rechter Lohn und Segen.
Drum will ich mich nicht groß kastein
des vielen Geldes wegen.

Gott gebe mir nun jeden Tag
so viel ich brauch zum Leben.
Er gibt's dem Sperling auf dem Dach,
wie sollt er's mir nicht geben!

Matthias Claudius

Keiner blickt dir hinter das Gesicht
(Fassung für Kleinmütige)

Niemand weiß, wie reich du bist ...
Freilich mein ich keine Wertpapiere,
keine Villen, Autos und Klaviere,
und was sonst sehr teuer ist,
wenn ich hier vom Reichtum referiere.

Nicht den Reichtum, den man sieht
und versteuert, will ich jetzt empfehlen.
Es gibt Werte, die kann keiner zählen,
selbst, wenn er die Wurzel zieht.
Und kein Dieb kann diesen Reichtum stehlen.

Die Geduld ist so ein Schatz,
oder der Humor, und auch die Güte,
und das ganze übrige Gemüte.
Denn im Herzen ist viel Platz.
Und es ist wie eine Wundertüte.

Arm ist nur, wer ganz vergisst,
welchen Reichtum das Gefühl verspricht.
Keiner blickt dir hinter das Gesicht.
Keiner weiß, wie reich du bist ...
(Und du weißt es manchmal selber nicht.)

Erich Kästner

Das echte Wunder

Ein berühmter Meister sollte im Tempel vor einer großen Menschenmenge predigen. Hier versah auch ein Shinsu-Priester seinen Dienst, der eifersüchtig auf die große Zuhörerschaft des Meisters war. Daher wollte er mit ihm streiten.

Der Meister war mitten in einer Rede, als der Priester im Tempel erschien. Er machte dabei einen solchen Lärm, dass der Meister seine Ausführungen unterbrach und nach dem Grund des Aufruhrs fragte.

Gleich stand der Priester auf. „Der Gründer unserer Sekte", prahlte er, „hatte so wunderbare Kräfte, dass er einen Pinsel auf der einen Seite des Flusses in der Hand hielt und sein Diener auf der anderen Seite mit einem Papier stand, und unser Lehrer schrieb den ganzen Namen Amidas durch die Luft. Kannst du auch etwas so Wunderbares tun?"

Der Meister erwiderte mit einem Lächeln: „Vielleicht beherrscht dein Meister, der Schlaumeier, diesen Trick, aber das ist nicht das, was ich lehren möchte. Mein Wunder besteht darin, dass ich esse, wenn ich hungrig bin, und trinke, wenn ich durstig bin."

Weisheitsgeschichte

Der Spatz

Es war einmal ein grauer Spatz,
der saß ganz oben auf dem Dache,
und unten hielt die Miezekatz
schon seit geraumer Weile Wache.
Da sagte sich das Spätzlein keck:
„Mich kann das Biest nicht überlisten!"
Bums, kam ein Habicht um die Eck
und holte sich den Optimisten. –
So kann es allen denen gehn,
die glauben, nur sie wärn die Schlauen.
Man darf nicht nur nach unten sehn,
man muss auch mal nach oben schauen!

Heinz Erhardt

*Das Lachen ist ein wetterleuchtendes Aufblitzen
der Seelenfreude, ein Aufzucken des Lichtes nach
draußen, so wie es innen strahlt.*

Dante Alighieri

In Sand geschrieben

Dass das Schöne und Berückende
Nur ein Hauch und Schauer sei,
Dass das Köstliche, Entzückende,
Holde ohne Dauer sei:
Wolke, Blume, Seifenblase,
Feuerwerk und Kinderlachen,
Frauenblick im Spiegelglase
Und viel andre, wunderbare Sachen,
Dass sie, kaum entdeckt, vergehen,
Nur von Augenblickes Dauer,
Nur ein Duft und Windeswehen,
Ach, wir wissen es mit Trauer.
Und das Dauerhafte, Starre
Ist uns nicht so innig teuer:
Edelstein mit kühlem Feuer,
Glänzendschwere Goldesbarre;
Selbst die Sterne, nicht zu zählen,
Bleiben fern und fremd, sie gleichen
Uns Vergänglichen nicht, erreichen
Nicht das Innerste der Seelen.
Nein, es scheint das innigst Schöne,
Liebenswerte dem Verderben
Zugeneigt, stets nah am Sterben,
Und das Köstlichste: die Töne
Der Musik, die im Entstehen
Schon enteilen, schon vergehen,
Sind nur Wehen, Strömen, Jagen

Und umweht von leiser Trauer,
Denn auch nicht auf Herzschlags Dauer
Lassen sie sich halten, bannen;
Ton um Ton, kaum angeschlagen,
Schwindet schon und rinnt von dannen.
So ist unser Herz dem Flüchtigen,
Ist dem Fließenden, dem Leben
Treu und brüderlich ergeben,
Nicht dem Festen, Dauertüchtigen.
Bald ermüdet uns das Bleibende,
Fels und Sternwelt und Juwelen,
Uns in ewigem Wandel treibende
Wind- und Seifenblasenseelen,
Zeitvermählte, Dauerlose,
Denen Tau am Blatt der Rose,
Denen eines Vogels Werben,
Eines Wolkenspieles Sterben,
Schneegeflimmer, Regenbogen,
Falter, schon hinweggeflogen,
Denen eines Lachens Läuten,
Das uns im Vorübergehen
Kaum gestreift, ein Fest bedeuten
Oder wehtun kann. Wir lieben,
Was uns gleich ist, und verstehen,
Was der Wind in Sand geschrieben.

Hermann Hesse

Gottvertrauen

In einem kleinen Dorf hatte es über zwei Tage furchtbar geregnet und der Fluss war über die Ufer getreten. Mit jeder Stunde stieg das Wasser in den Straßen und die Menschen machten sich daran, ihre Habseligkeiten in Boote zu laden und zu fliehen. Nur ein besonders frommer Mann blieb weiter in seinem Haus und betete zu Gott, er möge ihn retten.

Nach ein paar Stunden stand das Wasser schon unter der Fensterkante, als sein Nachbar draußen mit dem Boot vorbeikam. „Komm, Nachbar, steig ein, wir nehmen dich mit!", rief er dem frommen Mann zu. „Das ist nett, danke, aber ich bleibe hier. Gott wird mich retten!", antwortete der fromme Mann mit einem Lächeln.

Nach einiger Zeit war das Wasser schon so hoch, dass der Mann auf das Dach seines Hauses gestiegen war. Diesmal kam das Boot eines Rettungsdienstes vorbei. Die Menschen riefen ihm zu: „Hier, fassen Sie das Seil, wir ziehen Sie ins Boot!" – „Das ist nett", antwortete der Fromme wieder, „aber ich bleibe hier. Gott wird mich retten!"

Kurze Zeit später war das Wasser so hoch gestiegen, dass er auf dem Kamin seines Hauses stand, während die Fluten um ihn tosten. Über sich sah er einen Rettungshubschrauber, und einer aus der Besatzung schrie ihm zu: „Wir nehmen Sie mit!

Ich komme zu Ihnen herunter!" – „Danke, das ist nett", brüllte der Mann zurück und wäre beinahe ins Wasser gefallen vom Wind, den der Hubschrauber verursachte. „Aber ich bleibe hier. Gott wird mich retten!"

Als nun auch der Hubschrauber abgedreht hatte und das Wasser weiter stieg, wurde der Fromme irgendwann mitgerissen und ertrank. Als er nun im Himmel ankam und vor Gott stand, fragte er fast zornig: „Ich war immer fromm und habe zu dir gebetet, Gott, warum hast du mich nicht gerettet?"

Da sprach Gott: „Also wirklich, ich habe dir zwei Boote vorbeigeschickt und dann noch diesen Hubschrauber, um dich zu retten! Was verlangst du denn noch von mir?"

Weisheitsgeschichte

*Sich glücklich fühlen
können, auch ohne
Glück – das ist Glück*

Marie von Ebner-Eschenbach

Weise glücklich werden –
und bleiben!

Was ist Glück?

Willst du eine Stunde lang glücklich sein,
mache ein Nickerchen.
Willst du einen Tag lang glücklich sein,
gehe fischen.
Willst du ein Jahr lang glücklich sein,
erbe ein Vermögen.
Willst du ein Leben lang glücklich sein,
hilf anderen.

Chinesisches Sprichwort

Wünsche frei

Es war einmal ein armer Reisbauer. Dieser war sehr fleißig, aus seiner Armut schaffte er es dennoch nicht heraus. Eines Abends begegnete er dem Mondhasen, von dem man weiß, dass er jeden Wunsch erfüllen kann.

„Ich habe dich gesucht, weil ich dir helfen will", sagte der Mondhase. „Ich werde dich auf den Wunschberg mitnehmen, dort kannst du dir aussuchen, was immer dein Herz begehrt." Und ehe er sich versah, stand der Reisbauer vor einem prächtigen Tor, über dem in großen Lettern stand: „Jeder Wunsch wird Wirklichkeit."

„Das ist toll", dachte der Bauer und rieb sich die

Hände, „jetzt hat mein armseliges Leben ein Ende."
Und so trat er durch das Tor. Eine alte weißhaarige
Frau begrüßte ihn mit einem gütigen Lächeln. Sie
sagte zu ihm: „Was immer du dir wünschst, es wird
sich erfüllen. Aber ich muss dir zunächst zeigen,
was man sich alles wünschen kann. So folge mir!"

Dann betraten sie nacheinander mehrere Sä-
le, einer schöner als der andere. „Hier im ersten
Saal siehst du das Schwert des Ruhms. Wer es sich
wünscht, wird ein gewaltiger General", erklärte die
Alte. „Er eilt von Sieg zu Sieg und sein Name wird
auch noch in den fernsten Zeiten genannt. Willst
du das?"

„Hm", dachte der Bauer, „Ruhm ist gut und ich
möchte die Gesichter der Leute im Dorf sehen,
wenn ich General würde. Aber ich will es mir noch
einmal überlegen. Gehen wir weiter", sagte er zu
der Frau.

„Gut, gehen wir weiter", antwortete die Weise
lächelnd. Im zweiten Saal zeigte sie dem Bauern
das Buch der Weisheit. „Wer sich das wünscht,
dem werden alle Geheimnisse des Himmels und
der Erde offenbar." Da sagte der Bauer: „Ich habe
mir schon immer gewünscht, viel zu wissen. Das
wäre vielleicht das Richtige. Aber ich will es mir
noch einmal überlegen."

Als sie in den dritten Saal kamen, sahen sie dort
ein Kästchen aus purem Gold. „Das ist die Truhe
des Reichtums. Wer sich die wünscht, dem fliegt

das Geld zu, ob er nun arbeitet oder nicht", sagte die Frau. „Ha", lachte der Bauer, „das wird das Richtige sein. Wer reich ist, der kann sich alles kaufen." Doch dann geriet er ins Grübeln: „Glück und Reichtum sind zwei verschiedene Dinge, so sagt man. Ich weiß nicht recht." Und sie gingen weiter.

So kam der Bauer von Saal zu Saal, ohne sich für etwas entscheiden zu können.

„Nun wähle", sagte die weise Frau lächelnd, als sie den letzten Saal erreicht hatten. „Was immer du dir wünschst, wird in Erfüllung gehen!"

„Du musst mir noch einen Augenblick Zeit lassen", sagte der Bauer. „Ich muss mir die Sache überlegen."

In diesem Augenblick schloss sich das Tor hinter ihm und die weise Frau war verschwunden. Stattdessen saß der Mondhase wieder neben ihm. Er sagte zum Bauern: „Armer Bauer, die meisten Menschen sind wie du. Sie wissen nicht, was sie sich wünschen sollen, oder sie wünschen sich alles und bekommen nichts. Was sich einer wirklich wünscht, das schenken ihm die Götter, aber der Mensch muss zuerst einmal wissen, was genau das ist."

Weisheitsgeschichte

Zu leben beginnen

„Unglücklich lebt, wer immer erst zu leben beginnt."
„Inwiefern?", fragst du, denn dieses Wort will
erläutert sein. Weil für diese Art von Menschen
das Leben immer unfertig bleibt. Wer eben erst
zu leben beginnt, wie kann der zum Tode gerüstet
sein? Unser Streben muss darauf gerichtet sein, genug gelebt zu haben. Dieses Glaubens ist niemand,
der eben gerade erst jetzt zu leben beginnt. Glaube
nicht, dass deren nur wenige seien: Es sind nahezu
alle. Manche fangen erst dann damit an, wenn sie
aufhören müssen. Wenn dir das wunderlich vor-
kommt, so will ich noch etwas Wunderlicheres
hinzufügen: Manche haben zu leben schon aufge-
hört, ehe sie anfingen.

Seneca

Fünfzig Euro

Ein Referent begann sein Seminar damit, dass er einen Fünfzigeuroschein hochhielt und fragte: „Wer
will diesen Fünfzigeuroschein haben?"
Einige schauten ein wenig zweifelnd – wollte
er wirklich fünfzig Euro einfach so verschenken?
Doch die meisten hoben sofort die Hand. Es gab ja
nichts zu verlieren.

„Okay", fuhr der Referent fort. „Viele wollen den Geldschein haben. Aber wenn ich nun Folgendes mit dem Geldschein mache", sagte er und knüllte den Geldschein zu einem kleinen Papierballen zusammen, „wer will ihn dann noch haben?"

Immer noch hoben viele im Saal die Hand.

„Eine letzte Frage", sagte der Referent. „Wollt ihr den Geldschein immer noch haben, auch wenn ich das mache?" Und er warf den Geldschein auf den Boden, trat auf ihn und hob ihn dann wieder auf. Nun war der Geldschein zerknüllt, schmutzig und ein bisschen kaputt. Doch die Hände im Saal hoben sich immer noch.

„Ihr habt nun die erste Lektion für heute gelernt", sagte der Referent. „Ganz egal, was ich mit dem Fünfzigeuroschein getan habe, so wolltet ihr ihn immer noch haben. Weshalb? Doch wohl deshalb, weil er nicht seinen Wert verloren hat, egal, was ich auch mit ihm gemacht habe. – Ihr seid wie Geldscheine. Das Leben wird euch ein ums andere Mal zusetzen, ihr werdet euch kaputt und angestoßen fühlen. Aber ihr behaltet weiterhin euren Wert. Für die Menschen in eurer Umgebung seid ihr von unschätzbarem Wert. Euer menschlicher Wert beruht nicht auf dem, was ihr tut oder was ihr könnt, sondern auf dem, was ihr seid."

Kristina Reftel

Krisen meistern

Ende der 1920er-Jahre wanderte ein Franzose nach Amerika aus und gründete dort eine Weingroßhandlung für französische Weine. Sein Unternehmen wurde schnell immer größer und bald genoss er einen Ruf, der über die Stadt, in der er sich niedergelassen hatte, weit hinausging. Als er nach 25 Jahren sein Geschäftsjubiläum beging, veranstaltete er ein großes Fest, zu dem viele Ehrengäste und Medienvertreter geladen waren.

Ein Journalist kam mit dem Weinhändler ins Gespräch und fragte ihn: „Als Sie sich selbständig gemacht haben, herrschte in Amerika die größte Wirtschaftskrise, die das Land bis dahin erlebt hatte. Sie haben jedoch Ihren Betrieb immer weiter ausgebaut und vergrößert. Was ist das Geheimnis Ihres Erfolges?"

„Sie werden es nicht glauben, wenn ich es Ihnen erzähle", antwortete der Franzose. „In den ersten Jahren hier in Amerika verstand ich so wenig Englisch, dass ich keine Zeitung lesen konnte. Deshalb war ich wohl einer der Wenigen im Land, die von der Krise gar nichts wussten."

Weisheitsgeschichte

Nebensächlichkeit

An jenem Tag ging es während der öffentlichen Versammlung bei allen Fragen um das Leben jenseits des Grabes. Der Meister lachte nur und gab keine einzige Antwort. Seinen Schülern, die wissen wollten, warum er auswich, sagte er später: „Habt ihr nicht bemerkt, dass es ausgerechnet diejenigen sind, die nichts mit diesem Leben anzufangen wissen, die ein weiteres, ewig währendes wollen?"

„Aber gibt es nun Leben nach dem Tode oder nicht?", beharrte ein Schüler.

„Ist da Leben vor dem Tod – das ist die Frage!", sagte der Meister hintergründig.

Anthony de Mello

Ist einer heiter, so ist es einerlei, ob er jung oder alt, gerade oder bucklig, arm oder reich sei – er ist glücklich!

Arthur Schopenhauer

Über das Glück

Ein Geschäftsmann kam zum Meister und wollte von ihm wissen, was das Geheimnis eines erfolgreichen Lebens sei. Da sagte der Meister: „Mach jeden Tag einen Menschen glücklich!" Und er fügte nach einer Weile hinzu: „Selbst wenn dieser Mensch du selbst bist." Und noch ein wenig später sagte er: „Vor allem, wenn dieser Mensch du selbst bist."

Zen-Geschichte

Glücksbohnen

Es war eine Frau, die verließ nie ihr Haus, ohne vorher eine Handvoll Bohnen einzustecken. Was sie damit tat? Sie ließ jedes Mal, wenn sie etwas Schönes erlebte – ein Lächeln in der Straßenbahn, ein gelungenes Gespräch, ein Sonnenstrahl auf der Nase, Erdbeerkuchen mit Sahne – eine Bohne von der einen in die andere Jackentasche wandern. Wenn sie dann am Abend in der „Erntetasche" nachschaute, waren es mehrere Bohnen an einem Tag, die die Jackentasche wechselten. An manchen Tagen war es auch nur eine einzige Bohne, die sie dort fand. Jeden Abend setzte sie sich hin und zählte ihre Bohnen, wobei sie sich an die glücklichen Momente des Tages erinnerte. Und sogar, wenn sie nur eine einzige Bohne aus ihrer Tasche zog, war sie sich darüber bewusst: Auch für diesen einen Moment des Tages hatte es sich gelohnt zu leben, dieser eine Moment hatte aus einem gewöhnlichen Tag einen solchen gemacht, an den sie sich erinnerte.

Weisheitsgeschichte

Kleines schätzen

Die Wertschätzung eines kleinen Ereignisses mag manchem kleinlich erscheinen, aber das Leben setzt sich eben nur aus kleinen Ereignissen zusammen, und wem die volle Empfindung für das Kleine fehlt, der wird überhaupt keinen großen Gewinn und Genuss von seinem Leben haben. Man braucht nicht in das Kleinliche zu verfallen, weil man sich des Kleinen und seiner einstigen Bedeutung für uns erinnert.

Fanny Lewald

Regel für einen glücklichen Tag

Lobe jeden Tag drei Personen;
erlebe wenigstens einmal im Jahr einen
Sonnenaufgang;
sieh den Menschen in die Augen, wenn du mit
ihnen sprichst;
lerne ein Musikinstrument zu spielen;
singe unter der Dusche;
gib weniger aus, als du verdienst;
beherrsche drei gute Witze;
spende Blut;
sei immer auf der Suche nach neuen Freunden;
behalte Dinge für dich, die dir anvertraut wurden;
überrasche Menschen, die du magst, mit kleinen
Geschenken;
akzeptiere immer eine Entschuldigung;
erkenne deine Fehler;
fahre häufiger mit dem Fahrrad;
behalte die Namen deiner Mitmenschen.

Aus Brasilien

Bitte

Ich bat um Reichtum,
um glücklich zu werden.
Ich erhielt ihn nicht
und wurde weise.
Ich bat um Kraft,
etwas zu leisten.
Ich erhielt sie nicht
und lernte Gottes Hilfe suchen.
Ich erbat alles,
um mich des Lebens zu erfreuen.
Ich erhielt das Leben,
um mich an allem zu erfreuen.
Ich bekam wenig von dem,
was ich erbat,
und doch alles,
was ich erhofft hatte.

Weisheitsgeschichte

Der Ort, an dem der Himmel und die Erde sich küssen

Eines Tages erzählte ein Wanderer, der das Kloster besuchte, einem Mönch von einem Ort, an dem der Himmel die Erde küssen solle. „Jeder, der diesen Ort aufsucht, ist sofort mit unendlicher Weisheit, fortwährendem Glück und nie versiegendem Wohlstand gesegnet", schwärmte er.

Kaum war der Mann weitergezogen, verließ der Mönch seine Zelle und machte sich auf den Weg, um diesen Ort zu suchen. Viele Jahre durchwanderte er die ganze Welt. Er traf Philosophen, Schriftgelehrte, Rechthaber und Besserwisser, aber den Weg zu diesem wunderbaren Ort konnte ihm niemand weisen. Endlich aber fand er in der Einsamkeit einen Einsiedler, der ihm den Weg dorthin beschreiben konnte. Endlich sollte sein Wunsch in Erfüllung gehen!, dachte der Mönch und lief los. Eines Tages war es soweit, er stand endlich vor einem großen Tor, hinter dem sich dieser sagenhafte Ort befinden sollte.

Weil er die Spannung fast nicht mehr aushielt, legte der Mönch die Hand auf die Klinke, schloss die Augen und trat ein. Als er sich endlich traute, die Augen zu öffnen, stand er wieder inmitten seiner eigenen Klosterzelle.

Weisheitsgeschichte

Der Glückspilz

Es war einmal ein junger Mann, der war ein ausgesprochener Pechvogel. Eines Tages erzählte ihm jemand, dass Gott mitten in einem tiefen, dunklen Wald wohne. Also machte er sich sofort auf den Weg, um ihn zu finden, damit er einen Glückspilz aus ihm mache.

Als er am Waldrand angelangt war, traf er einen Wolf. Der fragte ihn: „Junger Mann, wohin des Wegs?"

„Zu Gott", sagte der, „damit ich endlich ein Glückspilz werde." Da sagte der Wolf: „O, was für eine gute Gelegenheit! Wenn du zu Gott kommst, dann frag ihn doch bitte, warum ich immer so großen Hunger habe." Der junge Mann versprach es ihm und ging weiter.

Nach einer Weile kam er zu einer Lichtung, auf der ein wunderschönes junges Mädchen saß, das weinte. Als sie den Mann sah, sprach sie: „Hallo, wohin des Wegs?" – „Zu Gott", antwortete der junge Mann, „damit er einen Glückspilz aus mir macht." Das Mädchen antwortete ihm: „O, was für eine gute Gelegenheit! Dann frage ihn doch bitte, warum ich immer so traurig bin." – „Das werde ich", versprach der junge Mann und ging weiter.

Dann kam er an einen Fluss. Dort stand ein prächtiger Baum, der ihm zurief: „Wohin des Wegs, junger Mann?" – „Zu Gott", antwortete dieser, „damit er einen Glückspilz aus mir macht." – „Ach bitte", sagte der Baum, „frag doch bei der Gelegenheit einmal Gott, warum ich immer so durstig bin, obwohl ich hier ganz nah am Wasser stehe." – „Mach ich", sagte der junge Mann und setzte seinen Weg fort.

Es dauerte nicht mehr lange, da kam er in der Mitte des Waldes an, dort, wo es am finstersten war. Und tatsächlich: Hier traf er Gott. Der junge Mann sagte zu ihm: „Hallo, Gott, ich bin ein echter Pechvogel. Jetzt möchte ich von dir, dass du einen Glückspilz aus mir machst."

„In Ordnung", sagte Gott, und machte einen Glückspilz aus ihm. Der junge Mann bedankte sich überschwänglich. Dann bat er ihn auch noch um die Antworten auf die Fragen, die er unterwegs gehört hatte. Als er sie von Gott bekommen hatte, beschloss er, nun so schnell wie möglich nach Hause zurückzukehren, denn nun konnte ihn nichts mehr vom Glücklichsein abhalten. Nun wollte er keine Minute seines glücklichen Lebens mehr versäumen und das Glück so richtig genießen. Er nahm die Beine in die Hand und rannte so schnell er konnte los. Er rannte und rannte und, als er an dem Baum vorbei kam, der ihm seine Frage an Gott aufgetragen hatte, übersah er ihn völlig.

„Junger Mann", rief der Baum ganz beleidigt, „hast du mich vergessen?" – „Entschuldige", sagte der junge Mann gehetzt. „Gott hat gesagt, du bist immer so durstig, weil zwischen deinen Wurzeln und dem Wasser eine Kiste steht, die mit Edelsteinen und Gold gefüllt ist. Sobald du sie ausgräbst, hast du Wasser in Fülle. Aber nun muss ich weiter, denn ich bin ja ein Glückspilz."

Und er rannte wieder los, noch schneller als zuvor. Dabei übersah er das schöne Mädchen auf der Lichtung, das noch immer traurig war. „He du, hast du mich vergessen?", schluchzte sie. Abermals entschuldigte sich der junge Mann und sagte zu ihr: „Pass auf: Gott hat gesagt, du bist immer so traurig, weil du so einsam bist. Er meinte auch, dass bald ein junger schöner Mann vorbeikommen werde, in den du dich verlieben könntest. Ihr könntet heiraten und zusammen glücklich sein. Aber jetzt muss ich schnell weiter, denn ich bin ein Glückspilz."

Nach kurzer Zeit war er am Waldrand angelangt und stand dem Wolf gegenüber, der ihn fragte: „Was hat Gott gesagt? Warum bin ich immer so hungrig?" „Äh, warte", sagte der junge Mann und überlegte. „Also Gott hat gesagt, du bist immer so hungrig, weil du nichts zu fressen hast. Er hat auch gesagt: Wenn der Dummkopf so weit kommt, dann kannst du ihn zum Abendbrot verspeisen."

„Haaaaps", machte der Wolf und verschluckte den Glückspilz, der nun keiner mehr war – dafür aber der Wolf, der es wohl etwas besser verstand, mit offenen Augen durch die Welt zu gehen.

Weisheitsgeschichte

*Mit den Jahren runzelt
die Haut,
mit dem Verzicht
auf Begeisterung aber
runzelt die Seele*

Albert Schweitzer

Weisheit des Alters

Dank und Gruß

Ich weiß nicht mehr genau, wie es gekommen.
Kurzum! Nach längerem Verborgensein
Hab ich dereinst auf Erden Platz genommen,
Um auch einmal am Licht mich zu erfreun.
Und alsogleich fasst mich die Zeit beim Kragen
Und hat mich neckisch, ohne viel zu fragen,
Bald gradeaus, bald wiederum im Bogen,
Durch diese bunte Welt hindurchgezogen.

Inzwischen pflück ich an des Weges Rand
Mir dies und das, was ich ergötzlich fand.
Auch leert ich manchmal manchen vollen Krug
Mit guten Freunden, bis es hieß: Genug!
Nur eins erschien mir oftmals recht verdrießlich:
Besah ich was genau, so fand ich schließlich,
Dass hinter jedem Dinge höchst verschmitzt
Im Dunkel erst das wahre Leben sitzt.

Allein, wozu das peinliche Gegrübel?
Was sichtbar bleibt, ist immerhin nicht übel.
Nun kommt die Nacht. Ich bin bereits am Ziele.
Ganz nahe hör ich schon die Lethe fließen.
Und sieh! Am Ufer stehen ihrer viele,
Mich, der ich scheide, freundlich zu begrüßen.
Nicht allen kann ich sagen: Das tut gut!
Der Fährmann ruft. Ich schwenke nur den Hut.

Wilhelm Busch

Das Papierschiffchen

Es war einmal ein König, der über ein großes Reich herrschte und dem es an nichts fehlte. Doch je älter er wurde, desto stärker wurde er von einer Unruhe ergriffen. „Was hilft es, ein solches Königreich zu besitzen, wenn ich doch am Ende sterben muss?", dachte er.

Der Gedanke an den Tod ließ dem König keine Ruhe und in seiner Ratlosigkeit wandte er sich an einen Zen-Meister, der als sehr weise galt. Der Meister lebte in einer Hütte an einem Bach. Als der König zu Besuch kam, veranstalteten gerade ein paar Kinder eine Papierschiffchenregatta. Die Schiffchen waren aus farbigem Faltpapier und als der Zen-Meister den König empfing, schwamm eine Flotte bunter Papierschiffchen den Bach hinab.

„Wie kann ich unsterblich werden?", fragte der König den Meister.

„Werdet zum Papierschiffchen und genießt die Fahrt!", antwortete der Meister.

Kenneth S. Leong

Vier gute Dinge

Vier gute Dinge sind in der Welt:
altes Holz,
um Feuer zu machen,
alter Wein,
um ihn am Feuer zu trinken,
alte Bücher,
um darin zu lesen,
und alte Freunde,
um ihnen zu vertrauen.

Alfons von Kastilien

Die Sehnsucht nach
dem Wunderbaren

Du bist so jung wie deine Zuversicht –
Jugend ist nicht ein Lebensabschnitt,
sie ist ein Geisteszustand.
Sie ist Schwung des Willens,
Regsamkeit der Fantasie,
Stärke der Gefühle,
Sieg des Mutes über die Feigheit,
Triumph der Abenteuerlust über die Trägheit.
Niemand wird alt,
weil er eine Anzahl Jahre hinter sich gebracht hat.
Man wird nur alt,
wenn man seinen Idealen Lebewohl sagt.
Mit den Jahren runzelt die Haut,
mit dem Verzicht auf Begeisterung aber
runzelt die Seele.
Sorgen, Zweifel, Mangel an Selbstvertrauen,
Angst und Hoffnungslosigkeit,
das sind die langen, langen Jahre,
die das Haupt zur Erde ziehen
und den aufrechten Geist in den Staub beugen.
Ob siebzig oder siebzehn,
im Herzen eines jeden Menschen
wohnt die Sehnsucht nach dem Wunderbaren,
das erhebende Staunen beim Anblick der ewigen
Sterne und der ewigen Gedanken und Dinge,
das furchtbare Wagnis,

die unersättliche kindliche Spannung,
was der nächste Tag wohl bringen möge,
die ausgelassene Freude und Lebenslust.
Du bist so jung wie deine Zuversicht,
so alt wie deine Zweifel,
so jung wie deine Hoffnung,
so alt wie deine Verzagtheit.
Solange die Botschaft der Schönheit, Freude
und Größe der Welt, des Menschen und des
Unendlichen dein Herz erreichen,
solange bist du jung.
Erst wenn die Flügel nach unten hängen
und dein Herz vom Schnee des Pessimismus
und vom Eis des Zynismus bedeckt ist,
dann erst bist du wahrhaft alt geworden.

Albert Schweitzer

Die Träume sind unendlich –
die Träumer aber sind endlich!

Andacht zum 75. Geburtstag von Prof. Hans-Eckhard Bahr

Lieber Eckhard, wir, die Freunde aus Deiner Generation, sind alle Menschen mit Narben – im Sinne des Wortes: Wir haben unsere Bypässe, unsere Herzinfarkte, und unsere anderen Krankheiten. Unveränderliche Kennzeichen: unsere Narben. Wir haben die Narben nicht nur an unserem Leib, wir haben auch vernarbte Seelen.

Etwas ist noch nicht vernarbt, etwas ist unsere ewig offene Wunde, das ist die Erinnerung an unsere eigenen Träume. Wir haben den Krieg erlebt und sind davongekommen. Und wir Entronnenen haben, nachdem wir der Benommenheit der Nachkriegszeit entkommen waren, angefangen zu träumen. Wir haben an den bösen Zeiten gelernt, was nie mehr sein sollte: Nie mehr wollten wir eine Waffe in die Hand nehmen. Nie mehr sollte das Recht verletzt werden, wie es in jenen Zeiten geschehen ist. Nie mehr wollten wir irgendjemandem blind gehorchen. Ein Traum entzündete sich am anderen. Wir hatten ein Stück Ewigkeit im Herzen, und unsere Träume waren unendlich.

Wir waren nicht allein. Die Zeiten waren jung, und wir waren jung, so schien uns nichts unmöglich. Unmöglich schienen uns die, die die Unmöglichkeit behaupteten. Wie haben wir gegen den anthropologischen Pessimismus der Theologie gewettert! Die Pessimisten waren unsere Feinde und gelegentlich auch die Realisten. Und gelegentlich wurden wir eines Schlechteren belehrt.

Wir haben gearbeitet. Unsere Arbeit war nicht immer vergeblich. Wir stehen nicht mit leeren Händen da. Wir haben an einer anderen Kirche gearbeitet, an anderen Schulen und an anderen Universitäten, anders wurden die Väter und Mütter,

die Lehrerinnen und die Richter. Wir haben gearbeitet und uns durch unsere Erfolge gerechtfertigt.
Ich bin stolz darauf, mit geringer Kraft am beschei-
denen Ort in jenen Zeiten dabei gewesen zu sein.

Wir waren unbeirrbar, und wir hatten unsere
speziellen Irrtümer. Ich sage das mit Heiterkeit
und ohne Zerknirschung. Wer nicht irrtumsfähig
ist, ist auch nicht wahrheitsfähig. Wir konnten
Widersprüche nur schwer erkennen und dulden.
Wir haben gemeint, wir hätten schon Recht, weil
wir mit unseren Träumen auf der richtigen Seite
standen, auf der Seite des Friedens und der Gerech-
tigkeit. Die großen Träume machen gelegentlich
die eigenen Irrtümer unsichtbar. Wir haben nicht
mit Niederlagen gerechnet. Unsere Träume waren
unendlich, leider waren wir selber endlich und
fehlbar.

Jetzt sind wir alt, wir sind 75 und 73 und 70.
Noch halten wir den einen oder anderen Vortrag.
Aber es reicht nicht mehr dazu, dass wir mit unserer Stärke unser Leben rechtfertigen. Und das
ist vielleicht das Beste, was wir haben und was wir
gelernt haben: Wir können uns nicht mehr durch
uns selber rechtfertigen. Es ist nicht ganz leicht zu
sehen, dass man nicht mehr unbedingt erforder-
lich und nicht mehr unentbehrlich ist. Aber es ist
zugleich das Ende der Verbissenheit. Wir müssen
nicht mehr Lebensmeister sein, weder die eigenen
noch die der anderen.

Es kommen andere nach uns. „Geschlagen ziehen wir nach Haus, unsere Enkel fechten's besser aus." Ob sie es besser ausfechten, ist noch nicht ausgemacht. Auf jeden Fall ist es für uns Alten nicht ganz leicht, sich gegen das Misstrauen gegen die Nachfolger in der Arbeit zu wappnen, gegen die böse Vermutung, sie könnten vielleicht doch nicht so gut sein, wie wir selber waren. In diesem Misstrauen steckt vielleicht noch ein Rest Glaube an unsere eigene Unentbehrlichkeit. Wenn man Böll zu etwas haben wollte und wenn man zu ihm gesagt hat, seine Anwesenheit sei unentbehrlich, hat er geantwortet: „Der Friedhof liegt voll von Leuten, die unentbehrlich waren." Wir können leichter leben, wenn wir einsehen, dass wir entbehrlich sind. Wir sind ein Glied in der Kette, wir müssen nicht die Kette sein.

Eines haben wir noch: unseren Traum davon, dass es anders sein könnte, als es ist. Von den Ideen, die wir hatten, kommen wir so leicht nicht los. Wir können Jerusalem nicht vergessen. Das ist vielleicht die letzte Ehre und die letzte Schönheit von uns Alten. Wir brauchen das Land nicht zu vergessen, in dem die Waffen zu Pflugscharen umgeschmiedet sind; in dem das Lamm mit dem Löwen weidet und aus dem die Seufzer geflohen sind. Das ist unsere letzte Würde, und es ist unser letzter Schmerz. Unser Traum ist die nicht vernarbende Wunde. Sie schmerzt umso mehr, je weniger wir Jerusalem

vergessen und jenes Land, in dem das Recht aufge-
richtet ist und aus dem die Seufzer geflohen sind.
Dieser Traum ist die Ewigkeit, die Gott in unsere
Herzen gegeben hat.

Am Ende unserer Arbeit und am Ende unseres
Lebens steht der Name Gottes. Wir wissen nicht
genau, was wir sagen, wenn wir ihn nennen. Alt
werden heißt erkennen, dass wir nicht genug sind
– nicht genug, die Welt zu retten und das Leben
zu wärmen. Wir Einzelnen und wir alle zusammen sind nicht genug, die Stadt zu bauen, in der
der Tod entmachtet ist. Der Name Gottes ist unsere große Erleichterung: Wir müssen nicht genug
sein. Die Last der Welt liegt nicht auf unseren
Schultern. Wir können in Heiterkeit Fragment
sein. Das gibt unserem Leben Spiel, dass wir selber nicht alles sein müssen. Der Gedanke, dass wir
an Gott genesen und dass niemand an unserem
Wesen genesen muss, macht uns erträglich für uns
selber und für die anderen. Wir können die Arbeit
aus den Händen legen, nachdem wir unseren Teil
getan haben, gut oder schlecht – wir müssen darüber nicht urteilen.

Vielleicht ist das die letzte große Kunst, die wir
zu lernen haben, dass wir das Urteil über uns selbst
nicht fällen. Wir sind, die wir sind am Ende unseres Lebens. Wir brauchen uns nicht zu loben, wir
brauchen uns nicht zu verdammen. Wir sind vor
den Augen der Güte, die wir sind. Unsere Frist ist

bald abgelaufen. Bis dahin aber werden wir weiter träumen. Und wir werden das wundervolle Altersprivileg genießen, dass niemand mehr uns ganz für voll nimmt, nicht einmal wir uns selber. Lasst uns in Heiterkeit diese Narrenfreiheit genießen!

Fulbert Steffensky

Der 70. Geburtstag

Ja, und der siebenzigste Geburtstag! Das ist so 'ne Sach. Einem braven Bürgermeister, zum Beispiel, der sich sein lebelang geplagt und geärgert hat, mag es zum Schluss seiner ruhmvollen Laufbahn willkommen sein, wenn ihm zu Ehren geredet, gegessen und getrunken wird, und wenn er so Gelegenheit findet, sich gerührt und herzlich zu bedanken. Bei mir aber, dessen leichte Betriebsamkeit man schon mehr als genügend gewürdigt hat, möchte doch eine solche Leichenfeier bei Lebzeiten ganz und gar nicht berechtigt sein. Überhaupt, ist denn das Altsein für die Leute, die damit behaftet sind, so was extra Lustiges, dass man ihnen mit hoppheh! dazu gratulieren kann? Ich finde nicht.

Wilhelm Busch

Unbequem

Du warst noch so ein kleines Mädchen
Von acht, neun Jahren ungefähr,
Da fragtest du mich vertraut und wichtig:
Wo kommen die kleinen Kinder her?

Als ich nach Jahren dich besuchte,
Da warst du schon über den Fall belehrt,
Du hattest die alte vertrauliche Frage
Hübsch praktisch gelöst und aufgeklärt.

Und wieder ist die Zeit vergangen.
Hohl ist der Zahn und ernst der Sinn.
Nun kommt die zweite wichtige Frage:
Wo gehen die alten Leute hin?

Madam, ich habe mal vernommen,
Ich weiß nicht mehr so recht von wem:
Die praktische Lösung dieser Frage
Sei eigentlich recht unbequem.

Wilhelm Busch

Gebet

O Gott, Du weißt besser als ich, dass ich von Tag zu Tag älter und eines Tages alt sein werde.

Bewahre mich vor der Einbildung, bei jeder Gelegenheit und zu jedem Thema etwas sagen zu müssen.

Erlöse mich von der Leidenschaft, die Angelegenheiten anderer ordnen zu wollen.

Lehre mich, nachdenklich, aber nicht grüblerisch, hilfreich, aber nicht diktatorisch zu sein.

Bei meiner ungeheuren Ansammlung von Weisheit erscheint es mir ja schade, sie nicht weiterzugeben, aber Du verstehst, o Gott, dass ich mir ein paar Freundinnen erhalten möchte.

Bewahre mich vor Aufzählung endloser Einzelheiten und verleihe mir Schwingen, zur Pointe zu gelangen.

Lehre mich schweigen über meine Krankheiten und Beschwerden. Sie nehmen zu – und die Lust, sie zu beschreiben, wächst von Jahr zu Jahr.

Ich wage nicht, die Gabe zu erflehen, mir die Krankheitsschilderungen anderer mit Freuden anzuhören, aber lehre mich, sie geduldig zu ertragen.

Lehre mich die wunderbare Weisheit, dass ich mich irren kann.

Erhalte mich so liebenswert wie möglich. Ich möchte keine Heilige sein – mit ihnen lebt es sich so schwer – aber eine alte Griesgrämin ist das Krönungswerk des Teufels.

Lehre mich, an anderen Menschen unerwartete Talente zu entdecken, und verleihe mir, o Gott, die schöne Gabe, sie auch zu erwähnen.

Wahre Demut beunruhigt, verwirrt und stört die Seele nicht, sondern bringt ihr Frieden, Trost und Ruhe.

Teresa von Avila

Hoffnung pflanzen

Ein alter Mann stand in seinem Garten und wollte Bäume setzen: einen Apfelbaum, eine Linde, einen Birnbaum und einen Kirschbaum. Am Morgen hatte er die kleinen Bäumchen, die ihm gerade bis zur Hüfte reichten, in der Gärtnerei erstanden. Nun mühte er sich damit ab, Löcher in den Boden zu graben.

Sein Nachbar, der selbst einen prächtigen Obstgarten sein eigen nannte, kam vorbei, grüßte ihn und blieb stehen. Nachdem er ihm eine Weile zugeschaut hatte, konnte er sich nicht mehr zurückhalten. „Warum pflanzt du jetzt noch diese Bäume?", fragte er etwas ungehalten. „Du glaubst doch nicht im Ernst, dass du hundert Jahre alt wirst, oder? Diese Bäume werden noch zwanzig Jahre brauchen, ehe du in ihrem Schatten sitzen kannst und ehe du das, was sie abwerfen, wirklich eine Ernte nennen kannst."

Der alte Mann hielt mit seiner Arbeit inne, wischte sich den Schweiß von der Stirn und sah ihn lange an. Dann antwortete er: „Als ich auf die Welt kam, schlief und spielte ich im Schatten von Bäumen, die Menschen gepflanzt hatten, von denen ich nicht weiß, wer sie waren. Als ich älter wurde, erntete ich von Bäumen, die meine Großeltern hier in diesem Garten gepflanzt hatten. Auch sie habe ich nicht mehr kennengelernt, man hat mir nur von ihnen erzählt. Jetzt spüre ich, dass ich nicht mehr lange Zeit habe, meinen Teil dazu beizutragen, dass auch in Zukunft Menschen Schatten haben und ernten können. Deshalb pflanze ich heute für meine Enkel und Urenkel Bäume. Nur so konnten wir leben und nur so ist Zukunft möglich." Und damit machte er sich wieder daran, Löcher in die Erde zu graben.

Weisheitsgeschichte

Auf einen Blick

Kurztext • 2-3 Min. •• über 3 Min. •••

Titel AutorIn	Worum geht es	Vor-lese-zeit	Seite
Nächstenliebe *Heinz Erhardt*	Wo Nächstenliebe endet	•	38
Stell dir vor, es ist Krieg ... *Aus China*	Liebe verhindert Krieg	•	39
Wie man sich selbst liebt *Wilhelm Busch*	Man kann sich auch selbst Vorbild sein!	•	40
Wie am ersten Tag *Heinrich Heine*	So schön kann Liebe sein!	••	40
Die drei Söhne *Leo N. Tolstoi*	Was sind „gute" Kinder?	••	41
Die Insel der Gefühle *Weisheits-geschichte*	Zeit und Liebe gehören zusammen	•••	43
Geschenkt! *Weisheits-geschichte*	Der Wert eines Geschenks ist nicht sein Preis	•	45
Weibliche Intuition *Weisheits-geschichte*	Manchen muss man zu seinem Liebes-glück erst zwingen	••	46
Sie saßen und tranken am Teetisch *Heinrich Heine*	Worte können nicht sagen, was Liebe ist	•	48
Als ich anfing, mich selbst zu lieben *Charlie Chaplin*	Was passiert, wenn man es schafft, sich selbst zu lieben	•••	49

Titel AutorIn	Worum geht es	Vor- lese- zeit	Seite
Rezept des Jahres *Katharina Elisabeth Goethe*	Wie ein Jahr gelingen kann	•	54
Tages- programm *Hans Kruppa*	Wie ein Tag gelingen kann	•	55
Der Sinn des Lebens *Weisheits- geschichte*	Worin man den Sinn des Lebens findet	•	55
Freuen als Heilmittel *Carl Hilty*	Freude heilt	•	56
Was tun? *Aus dem Sufismus*	Was zu einem glücklichen Leben verhilft	•	57
Menschsein *Rosa Luxemburg*	Was Glück ist	•	57
Schule der Freundlichkeit *Zen-Geschichte*	Wie man lernt, freundlich zu sein	•	58
Drei goldene Wege *Konfuzius*	Wie man Weisheit erlangt	•	59
Zwei Wölfe *Indianische Weisheit*	Man bestimmt selbst, wie man ist	•	59
Futter für *ein* Pferd *Orientalische Weisheit*	Wie man mit Menschen umgeht	••	60

Titel AutorIn	Worum geht es	Vor- lese- zeit	Seite
Keiner blickt dir hinter das Gesicht *Erich Kästner*	Wahrer Reichtum wohnt im Herzen	•	79
Das echte Wunder *Weisheits- geschichte*	Was ein echtes Wunder ausmacht	•	80
Der Spatz *Heinz Erhardt*	Meistens kommt es anders, als man denkt	•	81
In Sand ge- schrieben *Hermann Hesse*	Alles wirklich Schöne ist vergänglich	••	82
Gottvertrauen *Weisheits- geschichte*	Gottvertrauen ersetzt nicht, den Ver- stand zu gebrauchen	••	84
Was ist Glück? *Aus China*	Wie man ein Leben lang glücklich wird	•	88
Wünsche frei *Weisheits- geschichte*	Wie schwer es ist, richtig zu wünschen	•••	88
Zu leben beginnen *Seneca*	Glück ist: jeden Tag leben	•	91
Fünfzig Euro *Kristina Reftel*	Was den Wert eines Menschen ausmacht	••	91
Krisen meistern *Weisheits- geschichte*	Wie man am besten durch Krisen kommt	•	93
Nebensäch- lichkeit *Anthony de Mello*	Was zählt, ist das Leben vor dem Tod, nicht das danach	•	94

Titel AutorIn	Worum geht es	Vor- lese- zeit	Seite
Über das Glück *Zen-Geschichte*	Wie man erfolgreich wird	•	95
Glücksbohnen *Weisheits- geschichte*	Die kleinen Glücksmomente wahrneh- men	•	95
Kleines schätzen *Fanny Lewald*	Wer Kleines nicht schätzt, kann auch das Große nicht wirklich schätzen	•	96
Regel für einen glücklichen Tag *Aus Brasilien*	Regel für einen glücklichen Tag	•	97
Bitte *Weisheits- geschichte*	Was man bekommt, wenn man bittet	•	98
Der Ort, an dem der Himmel und die Erde sich küssen *Weisheits- geschichte*	Wo der Himmel zu finden ist	•	98
Der Glückspilz *Weisheits- geschichte*	Glück muss man zu finden wissen	•••	100
Dank und Gruß *Wilhelm Busch*	Rückblick auf ein Leben	•	104
Das Papier- schiffchen *Kenneth S. Leong*	Wie man unsterblich wird	•	105
Vier gute Dinge *Alfons von Kastilien*	Was man im Leben braucht	•	106

Titel AutorIn	Worum geht es	Vor- lese- zeit	Seite
Die Sehnsucht nach dem Wunderbaren *Albert Schweitzer*	Was es bedeutet, alt zu sein	••	107
Die Träume sind unendlich – die Träumer aber sind endlich! *Fulbert Steffensky*	Wie sehr es entlasten kann, alt zu sein	•••	108
Der 70. Geburtstag *Wilhelm Busch*	Alt sein ist nicht immer lustig	•	113
Unbequem *Wilhelm Busch*	Wohin geht man nach dem Tod?	•	114
Gebet *Teresa von Avila*	Was es heißt, wirklich weise zu sein	••	115
Hoffnung pflanzen *Weisheits- geschichte*	Leben ist Geben und Nehmen – über den Tod hinaus	••	116

Quellenverzeichnis

Wir danken nachstehenden AutorInnen und Verlagen für die freundlich erteilte Abdruckerlaubnis:

De Mello, Anthony „Die Türangeln", aus: Ders., Eine Minute Unsinn, Weisheitsgeschichten, übersetzt von Robert Johna, © Verlag Herder GmbH, Freiburg im Breisgau, 4. Auflage 2009, S. 142.

De Mello, Anthony „Nebensächlichkeit", aus: Ders., Eine Minute Weisheit, übersetzt von Ursula Schottelius, © Verlag Herder GmbH, Freiburg im Breisgau, Neuausgabe 2011, S. 44.

Erhardt, Heinz „Der Spatz", aus: ‚Das große Heinz Erhardt Buch', © 2009 Lappan Verlag, Oldenburg.

Erhardt, Heinz „Nächstenliebe", aus: ‚Das große Heinz Erhardt Buch', © 2009 Lappan Verlag, Oldenburg.

Gibran, Khalil „Von der Ehe", aus: Ders., Der Prophet. Mit Aquarellen von Hilde Heyduck-Huth. Aus dem Englischen übersetzt von Karin Graf, © Patmos Verlag der Schwabenverlag AG, Ostfildern 2005, S. 18f., www.verlagsgruppe-patmos.de

Hesse, Hermann „In Sand geschrieben", aus: Ders., Sämtliche Werke in 20 Bänden. Herausgegeben von Volker Michels. Band 10: Die Gedichte, © Suhrkamp Verlag, Frankfurt am Main 2002. Alle Rechte bei und vorbehalten durch Suhrkamp Verlag Berlin.

Kästner, Erich „Keiner blickt dir hinter das Gesicht", aus: Ders., Doktor Erich Kästners lyrische Hausapotheke, © Atrium Verlag, Zürich 1936 und Thomas Kästner.

Kästner, Erich „Warnung", aus: Ders., Doktor Erich Kästners lyrische Hausapotheke, © Atrium Verlag, Zürich 1936 und Thomas Kästner.

Kruppa, Hans „Jeder meint es nur gut", aus: Ders., Schenk dem Tag ein Lächeln, Coppenrath Verlag, S. 36, © beim Autor, www.hans-kruppa.de

Kruppa, Hans „Tagesprogramm", aus: Ders., Schenk dem Tag ein Lächeln, Coppenrath Verlag, S. 8, © beim Autor, www.hans-kruppa.de

Leong, Kenneth S. „Das Papierschiffchen", aus: Ders., Anleitung zum Glücklichsein, 100 Zengeschichten, übersetzt von Renate FritzRoy, © Verlag Herder GmbH, Freiburg im Breisgau, Neuausgabe 2009, S. 149.

Reftel, Kristina „Fünfzig Euro", aus: Dies. (Hrsg.), Ich habe nach dir gewonnen!, Übersetzung: Gabriele Schneider, © 2007, Gütersloher Verlagshaus, Gütersloh, in der Verlagsgruppe Random House GmbH.

Reftel, Kristina „Wie man guten Mais anbaut", aus: Dies. (Hrsg.), Ich habe nach dir gewonnen!, Übersetzung: Gabriele Schneider, © 2007, Gütersloher Verlagshaus, Gütersloh, in der Verlagsgruppe Random House GmbH.

Schweitzer, Albert „Die Sehnsucht nach dem Wunderbaren", © Verlag C.H. Beck oHG, München.

Steffensky, Fulbert „Die Träume sind unendlich – die Träumer aber sind endlich!", © beim Autor.

Leider war es uns trotz sorgfältiger Recherchen nicht möglich, alle Rechtsinhaber ausfindig zu machen. Für Hinweise sind Verlag und Herausgeberin dankbar.